D1539791

Si j'osais !

Comment développer
notre liberté d'être

Catalogage avant publication
de Bibliothèque et Archives Canada

Thomas, Béatrice

Si j'osais!

(Collection Psychologie)

ISBN 978-2-7640-1413-4

1. Changement (Psychologie). 2. Réalisation de
soi. 3. Succès – Aspect psychologique. I. Titre. II. Collection: Collection Psychologie (Éditions Quebecor).

BF637.C4T46 2009   155.2'4   C2008-942391-7

© 2009, Les Éditions Quebecor
Une compagnie de Quebecor Media
7, chemin Bates
Montréal (Québec) Canada
H2V 4V7

Tous droits réservés

Dépôt légal: 2009
Bibliothèque et Archives nationales du Québec

Pour en savoir davantage sur nos publications,
visitez notre site: www.quebecoreditions.com

Éditeur: Jacques Simard
Conception de la couverture: Bernard Langlois
Illustration de la couverture: Veer
Conception graphique: Sandra Laforest
Infographie: Claude Bergeron

Imprimé au Canada

DISTRIBUTEURS EXCLUSIFS:

• Pour le Canada et les États-Unis:
  MESSAGERIES ADP*
  2315, rue de la Province
  Longueuil, Québec J4G 1G4
  Tél.: (450) 640-1237
  Télécopieur: (450) 674-6237
  * une division du Groupe Sogides inc.,
  filiale du Groupe Livre Quebecor Média inc.

• Pour la France et les autres pays:
  INTERFORUM editis
  Immeuble Paryseine, 3, Allée de la Seine
  94854 Ivry CEDEX
  Tél.: 33 (0) 4 49 59 11 56/91
  Télécopieur: 33 (0) 1 49 59 11 33

  **Service commande France
  Métropolitaine**
  Tél.: 33 (0) 2 38 32 71 00
  Télécopieur: 33 (0) 2 38 32 71 28
  Internet: www.interforum.fr

  **Service commandes Export –
  DOM-TOM**
  Télécopieur: 33 (0) 2 38 32 78 86
  Internet: www.interforum.fr
  Courriel: cdes-export@interforum.fr

• Pour la Suisse:
  INTERFORUM editis SUISSE
  Case postale 69 – CH 1701 Fribourg –
  Suisse
  Tél.: 41 (0) 26 460 80 60
  Télécopieur: 41 (0) 26 460 80 68
  Internet: www.interforumsuisse.ch
  Courriel: office@interforumsuisse.ch

  Distributeur: OLF S.A.
  ZI. 3, Corminboeuf
  Case postale 1061 – CH 1701 Fribourg –
  Suisse

  Commandes: Tél.: 41 (0) 26 467 53 33
  Télécopieur: 41 (0) 26 467 54 66
  Internet: www.olf.ch
  Courriel: information@olf.ch

• Pour la Belgique et le Luxembourg:
  INTERFORUM editis BENELUX S.A.
  Boulevard de l'Europe 117,
  B-1301 Wavre – Belgique
  Tél.: 32 (0) 10 42 03 20
  Télécopieur: 32 (0) 10 41 20 24
  Internet: www.interforum.be
  Courriel: info@interforum.be

Gouvernement du Québec – Programme de crédit d'impôt pour l'édition
de livres – Gestion SODEC.

L'Éditeur bénéficie du soutien de la Société de développement des entreprises culturelles du Québec pour son programme d'édition.

Nous reconnaissons l'aide financière du gouvernement du Canada par
l'entremise du Programme d'aide au développement de l'industrie de
l'édition (PADIÉ) pour nos activités d'édition.

Béatrice Thomas

Si j'osais !

Comment développer
notre liberté d'être

LES ÉDITIONS
Quebecor
Une compagnie de Quebecor Media

À François et Pascal T.

*Vous devez être le changement
que vous désirez voir en ce monde.*

Gandhi

Préface

Un changement peut survenir à tout moment, tant dans nos vies personnelles, familiales et interpersonnelles que professionnelles, organisationnelles ou sociales. Il engendre souvent toutes sortes de réactions et nécessite parfois une adaptation, car il dérange les habitudes. Qu'en est-il lorsque nous traversons plusieurs changements à la fois, durant la même période? Quelle est la bonne attitude à adopter? Quel sens leur donner? Quel regard choisir? Que comprendre de ces changements? Comment gérer toutes les émotions qu'ils provoquent sans y laisser sa peau? Comment y arriver en toute sérénité?

Dans cet ouvrage, Béatrice Thomas témoigne de sa riche expérience et nous fait l'immense cadeau de partager, avec une grande générosité, son cheminement, ses craintes, mais aussi ses trucs et ses conseils. Après avoir «osé changer» plusieurs sphères de sa vie: changer de métier, d'entreprise, de ville, de maison, de style de vie et de pays, et ce, au cours d'une même période, elle nous livre, en toute humilité, une part d'elle-même. Loin d'être narcissique, elle sait utiliser judicieusement un ton chaleureux et combien altruiste! Nous pouvons donc y puiser toute l'humanité de cette femme, maître d'elle-même et réconfortée dans ses choix.

Je la salue pour son courage et sa ténacité. Il est assez exceptionnel qu'un individu se lance dans une telle aventure d'écriture et d'autoréflexion avec autant d'acharnement, de rigueur, d'intelligence (émotionnelle et rationnelle), le tout coiffé d'un style d'écriture aussi fertile que captivant. Ma seule contribution aura été celle de lui avoir un jour soumis l'idée d'écrire un livre relatant son vécu «changeant» plutôt diversifié. Elle a su capter et faire sienne cette idée et relever ce défi grâce à sa passion si intense et communicative!

Rares sont les ouvrages de langue française à avoir abordé la transition, c'est-à-dire le passage «humain» d'une situation à l'autre, en considérant plusieurs changements majeurs à la fois, et ce, sous un angle très personnel et individuel. C'est pourquoi je suis assurée que les lecteurs, jeunes et moins jeunes, traversant des changements dans leurs vies sauront y puiser plusieurs pistes de réflexion pour poursuivre un nouveau chemin, une nouvelle voie, une nouvelle vie!

Osons donc changer!

Céline Bareil,
Professeure agrégée, HEC Montréal;
chercheuse au CETO – Centre d'études
en transformation des organisations;
formatrice et conférencière.

Introduction

Entreprendre un nouveau projet, une nouvelle activité, se consacrer à une passion, changer de vie, de métier, de pays, de maison, vendre sa compagnie, faire le tour du monde en bateau... Qui n'y a jamais pensé secrètement ou tout haut? Qu'avons-nous décidé à ce moment-là? Pourquoi? De quelles ressources disposons-nous pour y croire et agir? De quoi avons-nous besoin pour oser?

Je vous propose quelques pistes de réflexion au cours de ce voyage au cœur de chaque être humain que nous sommes. À travers des témoignages, le mien et d'autres, je souhaite partager avec vous une période de ma vie qui a été à la fois dense, éprouvante et formidablement vivante! Une période qui restera dans mon esprit comme l'une des plus riches, des plus formatrices, et pendant laquelle j'ai vécu à plusieurs reprises l'expérience de la transformation. Transformer sa vie et se transformer de l'intérieur. Il s'agit pour y arriver de favoriser une évolution profonde de sa personnalité et de ses potentialités.

A posteriori, je réalise que tout avait un sens. Les déclics et les changements de ma vie m'ont amenée pas à pas à me préparer aux plus importants d'entre eux: vivre ailleurs et autrement, à repenser ma vie différemment. Je crois profondément que notre chemin est jalonné de plusieurs tranches de vie; c'est ainsi que je nommerai les différentes périodes et phases, les différents chapitres que nous vivons les uns après les autres, par exemple le tome I: la période de l'enfance, la chaleur et l'amour d'une famille et d'un foyer; le tome II: l'adolescence et sa quête identitaire, etc. Au cours de cette période de ma vie et en tant que jeune adulte, je me suis identifiée, comme chacun d'entre nous, à mon environnement proche et j'ai reproduit, sans doute par mimétisme et inconsciemment, les codes, comportements et conduites socialement reconnus. Je croyais alors que la vie et ses choix se résumaient à ceux de mon entourage et qu'il me suffisait de les reproduire. Finalement, ce n'était pas si difficile de devenir adulte! Je trouvais cela très rassurant...

Pourtant, je ressentais un profond malaise, de manière constante. Je sentais, au fond, que, malgré mon application, mes efforts et ma bonne volonté, je n'arrivais pas à m'identifier à ce modèle ou à ces schémas qui en fait ne m'animaient pas, car ils ne me correspondaient pas. Je retiens de cette période une étape d'identification et de différenciation, une quête de repères pour tenter de me définir, de construire mon identité et de me donner un modèle de vie y correspondant.

En définitive, nous vivons tous cela de manière plus ou moins consciente, et pour certains d'entre nous, reproduire le modèle familial existant est une source de satisfaction et suffit au bonheur. Le bonheur de ressentir un sentiment d'appartenance fort, d'être légitime dans le clan familial ou social, et celui de lui ressembler. Pour d'autres, une nécessaire distanciation, un chemin de différenciation s'avérera souhaitable, voire vital. Ce fut le mien, vécu comme une question de survie pour rester en vie.

À cette époque, je n'étais pourtant pas encore capable de me définir et de trouver le modèle qui, un jour, allait me correspondre. Une fois jeune adulte, j'ai donc fait des choix qui allaient à l'encontre de ma personnalité, de mes valeurs et de mes aspirations, car j'ignorais ces dernières, tout simplement. Ce sont ces choix qui m'ont, petit à petit, incitée à vivre des changements en lien avec mon évolution personnelle et mes aspirations profondes. Aspirations que je découvrais au fur et à mesure grâce à des rencontres, des lectures, des formations, des conférences et aux prises de conscience que cela éveillait.

Je vous invite au cœur d'un fabuleux voyage, celui des relations humaines, celui de notre évolution personnelle et, par-dessus tout, celui de la vie.

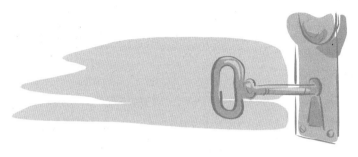

Témoignage personnel de vie

Je vous invite à découvrir le témoignage de vie qui suit. Il sera une manière illustrée et concrète d'aborder notre propos.

Ce témoignage personnel repose sur une période de huit années de ma vie, entre 26 et 34 ans. Il s'agit d'expériences vécues impliquant de multiples changements, choisis afin qu'ils soient représentatifs et significatifs de nos changements de vie à la fois personnels et professionnels. Certains sont d'ordre identitaire, d'autres non.

La vie m'a enseigné comment la vivre. À travers mon vécu, mes expériences, elle m'a offert la magnifique occasion d'apprendre, de me dépasser et d'aller encore plus loin dans ma compréhension du sens que je désirais lui donner.

2000 : changement de siècle, changement de cap !

Ce passage d'un millénaire à un autre fut pour moi très significatif, à la fois dans ma vie professionnelle et personnelle. Dès 1999, lors de mes 26 printemps, je fus habitée de doutes, de questionnements portant tout particulièrement sur mes choix de vie de l'époque.

J'étais alors sur un chemin de vie en adéquation avec mon âge, mon éducation, mon environnement social et familial. Cette forme de normalité communément admise correspond à une sorte de «moule» qui nous façonne d'une certaine façon. Je ne sais pas si ce repère social est davantage lié à ma culture d'origine française, mais il existe inconsciemment une sorte de modèle socialement accepté et acceptable.

Étais-je « dans le moule » à cette époque ? Je peux affirmer haut et fort que oui ! Ce fut d'ailleurs ma plus grande souffrance. Celle d'être dans le « bon », le « droit » chemin, alors que grondaient déjà en moi d'autres idéaux encore ignorés.

À ma place sans l'être

Une sorte de paradoxe, une dualité oppressante. À cette époque, je percevais et ressentais ma route comme toute tracée. J'avais le sentiment que rien, non, plus rien ne me surprendrait, ne me bouleverserait, que mes rêves d'enfant, mes idéaux resteraient au placard. Ma vie me décevait. Dire que ces rêves n'avaient habité que mon imaginaire d'enfant et d'adolescente...

À cette époque, j'étais jeune mariée et nous avions des projets de couple, de maison et de famille. Pour certaines personnes, ces orientations personnelles sont source de satisfaction et de bonheur, mais ce ne fut pas mon cas. Je réalisai très tôt – trop tôt ! – mon erreur. Ce n'était pas mon chemin. Jour après jour, ce malaise, ce profond mal-être, cette dualité oppressante faisait à nouveau surface et s'emparait de moi. Je ne comprenais pas. Que se passait-il ? J'avais pourtant *tout* pour être heureuse.

Cette période est encore aujourd'hui un souvenir douloureux de par les incompréhensions, les insatisfactions qui me rongeaient de l'intérieur et cette déception qui était mienne chaque jour davantage. Je connus à ce moment une alternance de phases rationnelles et émotionnelles. Des monologues issus de ma raison se mettaient en place pour convaincre ma conscience de la légitimité de mes choix. Cela me sécurisait sur le moment, puis s'estompait. Se succédaient des phases éprouvantes de remises en cause, de mal-être non expliqué et non explicable sur le moment sauf par une activité professionnelle accaparante. Elle l'était, en effet. Je m'étais soigneusement organisé un fonctionnement de fuite. Je parcourais alors l'Europe de long en large, je me jetais à corps perdu dans ma carrière afin d'oublier ma désolation. Dans cet espace et ce temps que je m'accordais, je ressentais une bouffée d'oxygène, un vent de liberté, car je pensais avoir tout fait ; et pourtant j'étouffais...

Un déclic !

Le déclic ne fut pas une mais plusieurs rencontres significatives à ce moment de ma vie, ainsi qu'un voyage très marquant en Afrique noire. Ce séjour dans une partie éloignée de ce continent et les gens que j'ai croisés là-bas m'ont permis de confronter mes convictions, mes croyances et mes choix. Je ne voyais pas cela de cette façon à l'époque, mais j'ai compris depuis à quel point ce fut déterminant.

Une fois le déclic enclenché, mon relatif confort devint un inconfort au quotidien. Les symptômes de mon mal-être s'amplifiaient : insomnies, troubles digestifs, infections à répétition ; je n'avais plus goût à rien, la vie me semblait monotone, triste, fade. Je me sentais à bout... jusqu'à finalement être hospitalisée d'urgence. Je n'oublierai jamais cette chambre d'hôpital où je me sentis, pour la première fois de ma vie, à la fameuse croisée des chemins. Devais-je poursuivre ma vie ainsi, telle que définie, l'accepter et l'assumer ? Ou envisager autre chose, autrement ? Oui, mais quoi ? Je ne connaissais rien d'autre, aucun autre modèle. Alors, à quoi me fier ? Allais-je bousculer, voire renier, mon éducation ? Allais-je me perdre dans le renoncement de ce chemin consacré ?

Le temps du choix était venu. Impossible de le fuir, toutes les issues menaient à ce point de non-retour. Poursuivre, ou partir à la conquête de ma vie ? J'avais bien entendu tous les choix. Tous sont respectables, pour autant qu'ils nous correspondent.

Une première rupture, un premier changement décisif pour vivre

Une fois la décision de séparation annoncée, ce fut le point de départ d'un changement majeur dans ma vie, un tournant décisif. Je quittais une vie prédéfinie et reconnue socialement pour en créer une nouvelle à partir de repères et sur des bases encore insoupçonnées.

Mes moteurs, à l'époque, furent ma soif de vie, ma foi en l'avenir et l'envie de me dépasser, d'aller plus loin et, en même temps, plus près. Oui, plus près de qui je suis réellement. Oser me rencontrer afin de reconstruire une vie qui me ressemble. Telle fut ma quête. Ce fut ma première prise de conscience de la fragilité de la vie et du caractère éphémère de ce(ux) qui nous entoure(nt).

Ce passage, que je qualifierais d'initiatique, m'a beaucoup appris sur l'existence : je devenais pleinement actrice de ma vie. Cette conquête ne se fit cependant pas sans obstacles ni épreuves. Certaines d'entre elles furent difficiles, bouleversantes, déstabilisantes, et parfois même cruellement douloureuses.

Choisir de changer en conscience

Je regardais ma vie d'alors s'effondrer sous mes yeux. Tel un décor de scène majestueux et chatoyant qui s'écroule. Ce fut l'heure de la déconstruction. Je revisitais à ce moment, avec déception, mes perceptions et mes croyances quant au mariage (et à la représentation que j'en avais), à l'amour et à la vie. Elles n'avaient maintenant plus aucun sens, plus aucune réalité. Je constatais avec désolation ce champ de ruines devant moi. Je n'avais alors presque plus rien.

Je savais que j'allais rebâtir et j'y croyais profondément. Je me sentais capable de ce défi. Une seule question m'obsédait: comment? Comment faire pour ne pas revivre la même chose? À quoi bon reproduire cette situation pour en arriver à une nouvelle qui ne me correspondrait pas davantage? Y avait-il un autre chemin, une possibilité d'apprendre de cette expérience, d'avancer dans ma compréhension de la vie?

La seule issue qui m'apparut claire et pragmatique fut de commencer par le début. D'apprendre à me connaître et à me découvrir afin d'être en mesure de faire des choix qui soient, à l'avenir, plus révélateurs de ma personnalité et de mes aspirations. Je pensais souvent à cette citation de Socrate: «Connais-toi toi-même.» J'avais alors 27 ans et de belles années de cheminement personnel en perspective!

Il existe plusieurs voies pour apprendre à mieux se connaître: des lectures, des conférences orientées dans le domaine de la psychologie, mais aussi des réflexions et des confrontations avec des professionnels. Celles-ci me permirent de pousser plus loin mes questionnements, trop souvent complaisants, d'apprendre à me définir, à me positionner et à m'affirmer dans ma différence. Différence de choix de vie, d'opinions et d'aspirations.

Puis, vint le temps d'assumer cette différence. Une différence qui reposait sur le fait de croire en soi et en son projet de vie par-dessus tout et malgré tout. Ce fut certainement l'étape la plus difficile. Il fallait alors accepter de décevoir, d'être incomprise et parfois jugée. Ce fut une période de grande solitude. Elle me demanda du courage et de la ténacité pour ne pas renoncer malgré la pression environnante.

À travers mes découvertes en psychologie, je réalisais que nous sommes tous issus d'une histoire familiale, d'une construction psychologique nourrie depuis l'enfance par les épreuves ainsi que les expériences heureuses de nos vies. Nous avons tous besoin d'apprendre à nous connaître, nous avons tous, sans exception, tant à savoir sur nous-mêmes.

Quel magnifique chemin que d'apprendre à se connaître, à panser ses blessures, à solidifier les failles et les fissures de sa vie à n'importe quel moment de son existence! Restons humains, car aucun d'entre nous n'est parfait. Fort heureusement! C'est sans doute ce qui rend l'être humain aussi complexe et riche à la fois. La richesse de pouvoir se réapproprier ses dons, ses talents, ses forces et son élan de vie.

Cette expérience de prise de conscience et de transformation fut une période inoubliable et unique. Ce fut un immense trésor que d'apprendre à mieux me connaître et d'être en mesure de faire des choix au plus près de qui je suis vraiment. Ce fut, sans l'ombre d'un doute aujourd'hui, un choix de liberté. La liberté de choisir ma route, en toute autonomie et en toute conscience non seulement des risques, mais aussi du potentiel offert. Je tiens à préciser que ces choix ne sont pas mieux ou moins bien que ceux des autres, ils sont simplement miens et me ressemblent.

C'est à la fois *rien*; et pourtant c'est *tout*. Nous sommes tous libres de nos choix. Ils sont, selon moi, tous respectables. Certains sont des choix de transition, et d'autres sont majeurs, décisifs, voire irréversibles, dans le cours d'une vie. Mais ce que je sais aujourd'hui, c'est que nous avons toujours le choix, y compris celui de ne pas choisir... Les barrières que nous mettons sont les nôtres, et non celles de notre environnement.

Pourtant, aucune vie n'est linéaire. Alors, comment vivre et appréhender les virages significatifs? Comment s'ajuster au mieux alors qu'aucune prise de décision, aucun changement, qu'il soit voulu ou subi, ne se fait sans impacts, sans conséquences (financières, psychologiques, sociales, familiales ou professionnelles), sans doutes, sans peurs ni questionnements. *A contrario*, parfois, ne pas changer, c'est mourir à petit feu. C'est refuser la part de vie et de développement qui est en nous.

Cette période d'acquisition de connaissances dans différents domaines de la psychologie me permet aujourd'hui de vous livrer la compréhension de mon vécu. Elle est à la fois ma grille de lecture, de compréhension et d'expression. Elle a aussi été, et j'en suis consciente, un acquis intellectuel et émotionnel précieux. Je m'en sers à chaque intervention que je fais, que ce soit dans l'enseignement, la formation ou le coaching, car je travaille avec des êtres humains, au sujet de l'humain.

D'ailleurs, jamais à l'époque je n'aurais pensé que ce changement de vie puisse me donner des connaissances qui me seraient
utiles cinq ans plus tard! Cette expérience qui fut une épreuve m'a permis d'ouvrir grands mes yeux, mes oreilles, mon esprit et mon cœur.
J'ai ainsi découvert qu'il existait d'autres avenues, d'autres chemins,
d'autres choix que ceux qui s'étaient présentés naturellement à moi.
Quel trésor! Quel chemin de liberté! Ce fut l'une de mes plus belles
découvertes.

Un nouveau départ

À 28 ans, je remettais donc tous les compteurs à zéro. Je redémarrais
une vie à neuf. Ce changement de cap impliqua un nouvel emploi,
un nouveau lieu de vie (Lyon, en France), un nouveau logement, de
nouveaux amis, des cercles professionnels et amicaux à recréer, de
nouvelles activités, etc.

Je me souviens d'un entretien de recrutement auquel je me suis
présentée. Il y avait un enjeu, bien sûr, car j'avais besoin de cet emploi. Je me vois encore devant les bureaux, juste avant de franchir la
porte, ce matin-là à 8 heures. Je me disais dans mon for intérieur:
«Béatrice, tout ce que tu as est là. Ta tête et ce qu'il y a dedans, tout
est là: vas-y, fonce!» J'ai finalement obtenu le poste après six ou sept
entrevues. Un vrai parcours du combattant!

De là, et pendant près de sept ans, j'ai reconstruit pas à pas, pierre
après pierre, une vie nouvelle fondée sur de nouveaux repères, de
nouvelles aspirations. Je me sentais alors comme un peintre devant
sa toile blanche. Que vais-je peindre? Des paysages, des portraits,
des scènes de vie, de l'abstrait? Quelles couleurs vais-je choisir?
Quelle matière? L'huile, l'acrylique, les pastels, le fusain? D'ailleurs,
c'est à cette époque que j'ai commencé des activités artistiques, dont
la peinture et le dessin. Je devais sans doute, et inconsciemment,
chercher mon inspiration.

Après avoir déconstruit, ma préoccupation était maintenant de
reconstruire avec ce regard en évolution afin de ne pas rééditer l'histoire passée, car j'étais très consciente des enjeux. Ce fut une période de croissance personnelle avec des phases de découragement,
de souffrance, de renoncement, mais aussi de légèreté retrouvée,
d'espoir et l'arrivée progressive d'une confiance nouvelle. Une période, malgré les apparences de l'époque, d'une grande richesse intérieure, de découvertes et d'explorations. Une période inoubliable
grâce à la complicité et à la profondeur des sentiments que je parta-
geais avec certains proches. Ils furent à mes yeux porteurs de valeurs

qui me sont chères et qui ont constitué un ancrage décisif lors de ma reconstruction.

Avec le recul, je réalise aujourd'hui que ce fut une époque à la fois créative et inspirante. À travers ces expériences à échelle humaine, j'ai pu, petit à petit, découvrir d'autres facettes de ma personnalité et laisser, pour la première fois, s'exprimer mon «enfant libre[1]». Comment? En jouant. Lors d'ateliers de théâtre d'improvisation, je laissais s'exprimer pleinement et sans retenue mon imaginaire, et je riais. Je riais tellement! Je sais que mes partenaires de scène s'en souviennent encore, le rire était mon signe distinctif.

Au cours de mes nombreux voyages, j'ai aussi énormément appris des hommes et des femmes que j'ai croisés sur ma route. L'Afrique fut une révélation quant à la chaleur humaine qui s'en dégage et au bonheur simple des gens qui l'habitent. La vie matérielle n'a aucune réalité là-bas, elle n'a aucune valeur.

Quant au voyage plus intérieur, le désert fut une rencontre bouleversante de vérité. J'ai découvert là-bas le sens du mot «authenticité». Fascinée par l'immensité et le silence, je contemplais le coucher du soleil, assise seule au beau milieu des dunes de sable. Vivre avec des autochtones m'a permis de découvrir d'autres valeurs, d'autres façons de définir ce que peut être le bonheur pour chacun d'entre nous. Cette expérience fut brûlante de vérité et de simplicité. J'ai profondément aimé quitter mon monde pour aller à la rencontre du leur. J'ai profondément aimé échanger avec des hommes et des femmes qui portaient en eux la félicité et la joie dans un environnement aride. Ce fut une grande leçon de vie que de pouvoir côtoyer ces personnes, de les regarder vivre et d'apprendre d'elles ce qu'est le bonheur vrai et simple. Ces rencontres ont fortement contribué à ma transformation intérieure de par l'impact qu'elles ont eu sur mon regard. À partir de ce jour-là, il ne fut plus jamais le même.

Il faut oser aller à la rencontre de ce qui touche, de ce qui bouleverse, de ce qui surprend, juste pour se sentir encore plus vivant. Ces découvertes m'ont permis de me relier à une source d'inspiration différente, à un nouvel espace d'expression et de création. Le processus de transformation était en marche et, enfin, je commençais à le percevoir dans ma réalité. En effet, ce cheminement psychologique et émotionnel entraîne des comportements nouveaux, des habiletés

---

1. Expression provenant de l'analyse transactionnelle d'Eric Berne.

de communication différentes, une ouverture d'esprit à la différence et, surtout, de nouveaux choix de vie et de nouvelles orientations.

2005 : conflit de valeurs

Ne vous est-il jamais arrivé d'être fatigué, usé, déçu ou démotivé par le métier que vous exercez? Depuis combien de temps allez-vous au travail sans but, sans plaisir, sans motivation? Combien de temps voulez-vous encore tenir bon?

Ces questions furent les miennes pendant presque un an, le temps que je me sente à nouveau prête à prendre des risques et à perdre mes repères connus. Après dix ans de bons et loyaux services dans le domaine de la communication, je réalisais que cet univers et les personnes que j'y côtoyais ne me correspondaient plus. Je me souviens encore de m'être demandé: «Est-ce moi? Est-ce eux? Comment se fait-il que je n'adhère plus à tout ça? Qu'est-ce qui ne va pas chez moi?» Je ressentais une grande culpabilité de ne plus parvenir à fonctionner dans ce monde qui était le mien depuis toutes ces années. Je ne pouvais plus. Je ne cautionnais plus ni les valeurs, ni les façons de faire, ni l'état d'esprit des personnes que je rencontrais et avec lesquelles je travaillais. Je saturais. Je me sentais incapable d'aller plus loin; je portais et supportais depuis plusieurs années déjà. J'avais l'impression d'aller à contre-courant. Cela me demandait tellement d'énergie!

De plus, il y avait de multiples changements au sein de l'agence dans laquelle je travaillais: une vague successive de départs, des réorganisations, puis l'arrivée d'un nouveau dirigeant. La structure était à bout de souffle, et moi aussi! À cette époque, je gérais des projets et des équipes, et l'encadrement dans ce type de contexte relève plus d'un management de crise. Cette situation me conduisit à repenser mon avenir professionnel. Je décidai alors qu'il était temps d'amorcer une réflexion personnelle que je menai en parallèle de ma vie professionnelle afin d'intégrer mes prises de conscience récentes.

Ce n'est pas un chemin simple que celui de la conscience. Être lucide, c'est regarder et réaliser ce qui se passe autour de soi et en soi. J'aurais pu poursuivre, juste changer d'entreprise et aller d'agence en agence jusqu'à épuisement... Mais je savais, au fond, que la remise en question était plus profonde que cela et qu'il était temps maintenant de transposer mon nouveau regard, mes valeurs et ma personnalité à un nouveau champ professionnel plus en adéquation avec moi, et donc plus épanouissant.

Changer. Oui, mais pour faire quoi ? Quelles sont mes aspirations profondes ? Qu'ai-je envie de faire aujourd'hui ? Quel sens donner à ma vie professionnelle ? Comment déterminer le métier dans lequel je pourrai m'épanouir, m'enrichir et me révéler ? Est-ce possible de travailler avec plus de plaisir, plus de satisfactions intellectuelles et relationnelles ? Est-il possible de trouver un métier qui corresponde mieux à ma personnalité, à mes centres d'intérêt et à mes valeurs ? Cette phase de questionnement est omniprésente pendant un certain temps avant qu'on passe à l'action. C'est un processus de maturation enrichi par les différentes rencontres que l'on peut faire, les interrogations qu'elles nous renvoient, les idées qu'elles peuvent susciter.

Très vite, je réalisai que ce travail de questionnement nécessitait un accompagnement individuel et personnalisé afin de déterminer, à partir de mes aspirations et valeurs, de ma personnalité, de mes compétences et de mes expériences, les pistes possibles et de les explorer. Dans cette période de remise en cause professionnelle, j'ai choisi d'avoir recours à un tiers détaché de mon contexte et neutre. Un coaching en dehors de mon activité professionnelle m'apparut comme une possibilité pour poursuivre ma réflexion et déterminer la suite.

2006 : changement d'identité professionnelle

Cette réflexion, plus approfondie qu'un bilan de compétences, nous fait nous pencher sur nos valeurs, nos limites, nos talents et nos territoires d'expression en tant que professionnels et en lien avec notre personnalité et nos potentialités. L'investissement personnel n'est pas négligeable ! Rester en surface n'apporterait qu'une réponse à court terme. Être authentique. Se connaître. Accepter à nouveau la remise en cause, la déstabilisation qu'elle peut engendrer. Se rendre compte, par exemple, que le travail que l'on croit avoir choisi d'exercer correspond aux attentes inconscientes de nos parents.

C'est ce type de prises de conscience dont je parle. Quelle est la part de l'influence collective, sociale et familiale dans nos choix de vie professionnelle lorsque nous avons 20 ans ? Dans quelle mesure sommes-nous capables à cet âge de savoir qui nous sommes et ce dont nous avons besoin ou envie, tout simplement ?

Ce fut donc l'occasion de faire un bilan et de me donner la chance, à 32 ans, d'exercer un métier qui me ressemblait et m'animait profondément, l'idée étant d'aller au plus près de ce à quoi j'aspirais réellement. Après avoir reconstruit ma vie personnelle, il était temps de m'ajuster et d'être congruente sur le plan professionnel.

Une fois la décision prise, je choisis une coach. Le travail dura trois mois à raison d'une rencontre toutes les deux semaines afin d'avoir un temps de travail et de réflexion entre deux rendez-vous. Cette expérience fut une étape décisive, un temps de recul et une belle occasion de me révéler, de me découvrir et de me laisser surprendre! Aujourd'hui encore, je remercie ma coach pour le travail que nous avons accompli ensemble et pour l'efficacité de la démarche. Voilà ce que j'appelle un changement professionnel identitaire. C'est à partir de la personnalité, des talents, des passions que l'on construit à chaque rencontre l'identité professionnelle que l'on souhaite profondément incarner. Comme vous le constatez, il ne s'agit pas de transposer des compétences d'un métier à un autre, ni même d'apprendre à rédiger un CV! Il s'agit d'un travail d'introspection pour déceler plus précisément ce que l'on souhaite vraiment faire, voire, pour certains d'entre nous, de suivre une vocation restée silencieuse jusqu'alors.

Changer de métier

Le projet professionnel qui se dessinait me donna des ailes! Je me souviens des instants de bonheur et d'euphorie vécus à l'idée d'exercer mon futur travail. Bien sûr, de nombreux doutes m'habitaient, car je ne savais pas à quel niveau de difficulté m'attendre en réapprenant un nouveau métier. Mais la perspective de me redonner de l'oxygène, d'envisager à nouveau un avenir et un champ professionnel qui serait un territoire d'expression personnelle et de développement suffisait à faire taire ces appréhensions bien légitimes.

Je quittais encore une fois une zone de confort en me dirigeant vers l'inconnu, l'insécurité. Je m'orientai alors dans les relations humaines, pour mon plus grand plaisir. Enfin, plusieurs facettes de ma personnalité et un ensemble d'acquis vécus jusqu'alors en dehors de ma vie professionnelle passée allaient prendre corps et réalité dans ce futur métier. Je mesurais le sens profond de ce changement majeur. Je devins donc consultante-formatrice. Je ne savais toutefois pas encore dans quel domaine d'intervention.

À partir de ce moment-là, je confrontai mes idées et mes attentes aux réalités du marché (les différents cabinets, le profil requis, etc.) et aux professionnels de ce métier pour valider mon projet. La phase concrète et pragmatique prenait place dans mon quotidien. Je pus ainsi prendre la juste mesure du changement, des impacts (avantages et contraintes) et des conséquences. Au fil de mes rencontres professionnelles, le chemin se dessinait : j'allais intervenir en management et leadership.

Je passai mes premiers entretiens de recrutement. J'observais et j'étais alors très sensible à la dimension humaine que proposaient les cabinets dans leur approche du métier. Je réalisais à travers ces contacts jusqu'où j'allais devoir me remettre en cause. Devrais-je repartir de zéro ? Mon niveau de vie allait-il changer ? Devrais-je reprendre des études ? Allais-je trouver du travail ? Étais-je légitime dans ce poste ? Était-ce le bon moment dans ma vie par rapport à mes contraintes personnelles ? Combien de temps devrais-je me donner pour opérer ce changement ?

Cette phase de doutes et de lucidité est primordiale et cruciale, car à ce stade, il est encore temps de renoncer ou de différer son projet. Cette période de décision ne fut pas facile ; elle m'insécurisa beaucoup, car je prenais conscience de ce que j'allais perdre et rien, non, rien ne me garantissait le résultat que j'espérais. Il me faudrait le vivre dans mes tripes pour le savoir. Tant que je ne serais pas face à un groupe, je ne pourrais en mesurer l'impact.

Je n'oublierai jamais mon premier séminaire, il eut lieu à Paris. C'est un très beau souvenir encore aujourd'hui. À la fin de la première journée, je fermai la porte de la salle et là, les larmes jaillirent tellement l'émotion était grande. Non seulement j'aimais cela, malgré le trac, mais je me sentais pour la première fois de ma vie professionnelle utile et à ma place. J'avais l'impression de prendre toute ma dimension et que ma personne tout entière contribuait. Ce que je faisais avait du sens. Que ce fut fort et émouvant ! Je marchai alors en direction de mon hôtel. J'écoutais les oiseaux, je regardais les passants ; c'était le printemps dans la ville, et dans mon cœur aussi.

Changer d'entreprise, de métier et de mode de vie

Je savais à ce moment-là que je ne reviendrais jamais en arrière. Mon ancien univers professionnel était bel et bien derrière moi. Les exigences liées à l'apprentissage de ce nouveau travail, et tout particulièrement au sein de ce cabinet très reconnu en France, furent un moteur extrêmement motivant. Je voulais apprendre ce métier dans les règles de l'art, et donc les efforts à fournir m'occupèrent à deux cents pour cent en semaine et durant les week-ends pendant plusieurs mois.

Cependant, ce qui me parut le plus difficile fut de recommencer un apprentissage professionnel, d'accepter d'être une débutante alors que dans le domaine où j'étais précédemment, j'avais dix ans d'expérience. Il faut être très au clair avec ses choix pour les assumer pleinement, ainsi qu'avec les enjeux, les efforts et les risques sous-jacents. La mise à l'épreuve est un moment impliquant et crucial. Ce métier me convient-il? Suis-je à la hauteur? Elle sera l'occasion aussi de confirmer si ce choix est le bon, si les espoirs et les attentes sont fondés. Je passais par des phases de confiance puis de doute, voire de découragement. J'ai eu la chance d'être bien encadrée pendant cette période par l'équipe et la direction sur place. Je leur dois beaucoup, leur accompagnement fut précieux.

De plus, ce nouveau métier impliquait chaque semaine des déplacements très fréquents, du lundi au vendredi. Je m'adaptai peu à peu à ce nouveau mode de vie entre trains, avions et hôtels. À chaque intervention, j'apprenais des participants et de ma pratique. Je pris alors pleinement conscience de la difficulté de ce métier, de ses exigences en termes de disponibilité, d'écoute et de qualités humaines. Chaque groupe, chaque séminaire est différent. Chaque fois c'est une adaptation, du sur-mesure en fonction du climat du groupe, des personnalités, de la réalité de l'entreprise à ce moment-là (changements divers, crises, réorganisations, etc.).

Je garde à l'esprit de magnifiques souvenirs, par exemple le jour de mon anniversaire. Nous étions dans une grande brasserie parisienne, les participants avaient demandé à ce que nous ayons du champagne en fin de repas. Je fus très touchée de leur attention et en reprenant le séminaire à 14 h, de magnifiques fleurs m'attendaient... Je me souviens aussi de certains témoignages très touchants et très personnels de gens courageux qui ont osé parler devant leurs collègues de travail.

Je me rappelle également qu'à cette période j'apprenais et répétais un monologue que j'allais jouer au théâtre. Je travaillais le texte dans le TGV entre Lyon et Paris, et les soirs à l'hôtel dès que j'avais quelques minutes à moi. Un jour, en fin de première journée de séminaire, le groupe me demanda si j'acceptais de les rejoindre pour dîner sur les champs Élysées. Je déclinai alors leur invitation, car je devais répéter. Ils insistèrent et je leur expliquai la raison de mon refus. Là, une des participantes me dit spontanément: «Accepteriez-vous de nous jouer votre monologue demain, avant le début du séminaire?» Je fus tellement étonnée que j'acceptai. Après tout, ils seraient mon premier public! Le lendemain, je commençai notre journée par ma prestation. Quel moment inédit et inoubliable! Quelle belle énergie! Puis, nous reprîmes le cours de notre journée...

J'aime passionnément ce métier pour toute cette richesse, toutes ces rencontres, ces personnalités, nos différences, l'inattendu qu'il réserve et la créativité qu'il autorise! Cette période impliqua un fort investissement personnel, intellectuel et physiologique. Elle suscita aussi une forte insécurité, beaucoup d'inconfort et de stress. Il fallut donc gérer l'euphorie et la tension qui coexistaient.

Un recul, quoique difficile à prendre, était indispensable afin de rester concentrée sur mon objectif, de maintenir mon équilibre de base (alimentation, sommeil) et d'évacuer la pression (sport, activités en plein air). Comme pour un sportif de haut niveau qui prépare son championnat, chaque jour compte; il faut être présent, attentif et concentré. Les étapes et les obstacles furent franchis un à un et la révélation de ce nouveau et beau métier fut une récompense sans pareil.

Connaître et cerner les vraies raisons de nos choix nous donne l'énergie de la conquête et du renouveau. J'avais l'impression que j'allais enfin pouvoir poser mes valises, autrement dit profiter de mes acquis récents et me détendre un peu, prendre du recul... Eh bien, non! Non, ce n'était pas encore le moment.

Un autre changement à l'horizon

En effet, alors que je venais d'être confirmée dans mes fonctions, j'apprenais le départ de certaines personnes influentes au sein de notre cabinet. Nous ignorions encore les impacts et les conséquences de ce changement sur l'équipe et la structure. La fermeture du bureau fut annoncée quelques mois plus tard... Nous allions tous être licenciés pour des raisons économiques. Je n'allais donc pas pouvoir poursuivre ma route dans cette entreprise, c'était officiel. Encore un changement en perspective... un de plus!

Avant l'annonce de la fermeture, nous avons vécu une période d'incertitudes assez longue et pesante. J'ai pris conscience à cette époque des ravages, des dégâts émotionnels liés à la souffrance psychologique et à l'insécurité. Cette souffrance est d'une intensité différente selon les personnes et la capacité de chacun à se remettre en cause. L'ensemble de ces peurs généra aussi des problèmes physiologiques et des troubles du comportement, des manifestations différentes d'un individu à l'autre: perte de sommeil, nervosité, anxiété, perte d'appétit, etc. Je me souviens aussi de la chute d'énergie immédiate que cela occasionna. D'un seul coup, j'avais beaucoup de difficulté à assumer mes journées d'intervention et ma réalité professionnelle.

Avant d'entrevoir la fantastique occasion que ce changement allait générer, je pris, tout comme mes collègues, la mesure de son impact dans ma vie, de la désorganisation et de l'inconfort. Je digérais tout cela. Il est toujours difficile, lorsqu'on est lancé dans un projet, un métier, avec une équipe que l'on connaît, des repères bien définis, de s'imaginer que tout cela puisse s'arrêter du jour au lendemain.

Mes principaux souvenirs se situent autour des sentiments de solitude, d'insécurité et de démotivation qui ne me quittaient plus. Je me sentais comme obsédée par cette situation. Je crois qu'à cette période ce qui me parut le plus lourd fut d'imaginer devoir *encore* recommencer, avec toute l'énergie et l'investissement que cela allait impliquer. À ce moment-là, j'ai cru que je n'aurais pas l'énergie de me relever. Je crois que ce qui m'a donné la force, c'est le projet que je nourrissais. Il était si fort qu'il m'a portée.

Après la fin de cet épisode professionnel, et avant de démarrer le projet suivant, je suis tombée malade. Rien de grave, juste un signal d'alarme de mon corps qui avait été très fortement sollicité au cours de l'année écoulée. J'ai appris avec le temps à être à l'écoute de ces signes physiques. Ils sont notre baromètre interne. Je m'accordai alors un court sas de décompression avant... le prochain changement, bien sûr!

2007 : un deuxième tournant décisif

Il existe plusieurs sortes de départs dans l'existence. Celui dont je vais vous parler en est un volontaire et désiré. Nous avons tous dans notre tête, dans notre imaginaire d'enfant ou d'adolescent, un rêve, un projet qui nous tient à cœur. Vous en souvenez-vous? Cette petite voix malicieuse qui nous dit parfois: «Un jour...» D'aussi loin que je me rappelle, je savais qu'un jour viendrait où je vivrais à l'étranger (hors de France). Je crois qu'en voyageant souvent je cherchais inconsciemment ma destination.

En 2002, entre deux activités professionnelles difficiles, je décidai de m'accorder une parenthèse d'un mois et de partir à la découverte d'une petite partie du Canada. Ce pays, ses habitants et l'immensité de la nature m'inspiraient. Je m'étais préparé un périple itinérant entre l'Ontario et le Québec. Arrivée à Montréal, je sus immédiatement que ce serait là, à cet endroit précis de la planète. J'eus cette sensation dès le premier matin. Je ne connaissais absolument rien à la ville. Je la découvris, et cette sensation se confirma de jour en jour et d'un séjour à l'autre. La question à laquelle je ne savais répondre alors était : quand ?

Et c'est seulement cinq ans plus tard, lors de ce licenciement inattendu, que je décidai de donner une place de choix à ce projet que je nourrissais et dont je rêvais secrètement. En dépit d'autres occasions qui se dessinaient en France dans ce métier, je décidai de vivre la grande aventure ! De faire le pas ! Le moment était venu, je le savais. Je me sentais attirée par une force irrésistible...

J'envisageais donc cette perspective avec un bonheur non dissimulé. Je poursuivis mon activité professionnelle en cours jusqu'à son échéance, puis... le départ. Je le préparai soigneusement tant d'un point de vue matériel, administratif et financier que psychologique. Je me souviens du jour où j'annonçai mon départ prochain à mes proches. Ils furent désemparés : cette fois je m'éloignais, j'allais partir... Les impacts de ce changement seraient différents des autres fois, pour eux aussi. Mais le moment était bien choisi dans ma vie, mon changement identitaire professionnel était fait, pas de famille à charge. Libre, j'étais libre de le vivre pleinement.

À l'époque, ma viabilité n'était que d'une année des points de vue financier et administratif. Pourtant, tout au fond de moi, je savais, oui, je savais qu'il s'agissait d'un grand départ dans mon existence. Peut-être même de celui que j'attendais dans la continuité de tous les autres. Il avait tellement de sens à mes yeux et dans mon cœur. Il était temps de partir à la conquête de ma vie de femme. Seuls mes amis le savaient, je ne voulais pas inquiéter mes proches inutilement. Je cherchais donc à les protéger et je voulais me donner toute la latitude.

Libre. Libre de partir. Libre de mes choix de vie.

Ma quête

Réaliser ce rêve qui me tenait tant à cœur. Partir à l'aventure, à la découverte d'un autre pays, d'autres cultures, modes de vie et valeurs, à la rencontre de l'humain dans sa différence et sa richesse. Je partais telle une exploratrice, une aventurière, celle que je suis, au fond. À la conquête d'une vie nouvelle. À la conquête de ma légende personnelle.

Une fois la décision prise de réaliser ce rêve de vivre à l'étranger, d'être actrice de ce changement tant désiré, je ressentis un profond soulagement. Jour après jour, semaine après semaine, je m'éloignais, je me détachais de mon contexte, de ma vie à Lyon. «Dans quelques mois, je serai à Montréal!» Ces mots magiques continuent, aujourd'hui encore, de résonner dans ma tête. Je décidai de m'en donner tous les moyens. Rien ne garantissait alors que l'expérience réussirait, mais je voulais tenter ma chance: je n'avais rien à perdre. Me perdre aurait été de rester.

Apprendre à se connaître, à connaître ses désirs et ses limites afin de faire des choix au plus près de ce que l'on désire et de pouvoir ainsi s'affirmer. Un changement identitaire personnel comme celui-là, c'est décider à un moment de son existence de choisir de vivre la vie qui nous convient, donc non seulement de vivre (au sens d'être plus vivant), comme dans le cas du premier changement personnel raconté précédemment, mais de le faire ailleurs et autrement.

Je me suis souvent questionnée sur le don de la vie: pourquoi nous est-il offert? Ne faut-il pas en faire quelque chose? Et si oui, quoi? Finalement, ne sommes-nous pas responsables de nos réussites, de nos échecs, de nos régressions, de notre expansion, de notre évolution et, par conséquent, de notre bonheur? Qui mieux que nous peut entrevoir ce don, le définir, se l'approprier et l'assumer pleinement? Être acteurs en conscience de nos choix: quelle liberté intérieure!

À 33 ans, je me sentais toutes les ressources pour repartir de zéro. Une nouvelle fois! Je m'apprêtais en quelque sorte à vivre ma troisième vie. Changement de vie, d'identité professionnelle, avec des impacts possibles sur ma vie personnelle et, cette fois, un changement complet, de A à Z, seule à 6000 km de ma vie passée et des personnes que j'aimais et qui comptaient.

Ce type de changement en implique de nombreux autres. Il s'agit de ce que j'appelle un changement identitaire mais, cette fois, d'ordre personnel. C'est le même processus mais appliqué à une réflexion plus personnelle et plus vaste sur la vie et son sens, autrement dit il est question de choix d'ordre plus existentiel. Qui suis-je? À quoi est-ce que j'aspire? Comment projeter ma vie future? Quel est le sens de mes choix, de mes actes? Est-ce le reflet de qui je suis au fond? Quels sont mes aspirations, mes rêves, mes envies, mes projets? Sont-ils réalistes?

La décision

C'est aussi une expérience importante, cruciale que d'accepter à un moment donné que nos projets en cours n'ont plus de sens, ne nous apportent plus de satisfaction, de plaisir, d'enthousiasme. Ne serait-il pas temps de penser à la suite ? De passer à une autre étape et de la préparer ?

Cette réflexion que je nourrissais alors chaque jour davantage n'avait encore aucune réalité. Mon quotidien fonctionnait d'un séminaire à un autre. Pourtant, je savais. Oui, je pressentais que le moment était venu de réaliser ce rêve qui me tenait tant à cœur.

La préparation au départ

Ma préparation fut cruciale et constitua une des conditions primordiales à la réussite de mon entreprise. J'ai pu en mesurer toute l'importance à mon arrivée sur place. J'ai très bien vécu ce changement et ce fut en grande partie grâce à cela. Je disposais alors de quatre mois pour l'opérer, je n'avais pas de temps à perdre. Je voulais être prête à accueillir ce bouleversement et à le savourer.

Accepter de clore un chapitre

Puis, je traversai les trois derniers mois, une période douloureuse et triste qui fut celle des deuils, des doutes et des questionnements. Quitter, renoncer, laisser le confort, les repères et la sécurité matérielle, professionnelle et affective pour l'inconnu.

Les dernières semaines furent en quelque sorte une période de mise à l'épreuve de mes vraies motivations et de leur profondeur, de la force de mes convictions et de mes vraies aspirations, ainsi qu'une période de détachement et de tolérance liée à l'incompréhension, au respect des différences de points de vue et d'interprétations. Ce moment fut très intense en émotions.

Cette préparation a sans nul doute renforcé ma sérénité. Être sereine me permit alors d'être plus présente et disponible à ceux que je quittais, afin de leur témoigner mon affection et de les rassurer, et à ceux que j'allais rencontrer, pour favoriser l'ouverture et les échanges. Mon chemin d'autonomie se poursuivait. Autonomie dans le sens de détachement à l'égard des dépendances à la fois psychologiques, matérielles et affectives, celles qui souvent, malheureusement, nous aliènent ou nous gouvernent inconsciemment.

Les questionnements

Ce cheminement psychologique implique plusieurs étapes qui prennent un certain temps. Cette phase est apparue peu de temps après celle de l'euphorie liée à la prise de décision. À ce moment précis, le rêve commençait à devenir réalité. Je me souviens très bien de toutes ces questions qui faisaient des allers-retours incessants dans ma tête, provoquant des réveils nocturnes, des montées d'angoisse. Je pris alors plusieurs moments de recul, de réflexion personnelle afin de m'extraire de mon quotidien, et c'est tout naturellement que je me posai les questions suivantes :

- Que sera ma réalité demain ?
- Que suis-je en train de laisser derrière moi ?
- À quoi suis-je en train de renoncer ?
- Sur quoi puis-je m'appuyer aujourd'hui ?
- Quelles sont mes zones de sécurité et mes zones d'inconfort ?
- Comment les optimiser ?
- Puis-je vivre avec cette nouvelle réalité sans mon confort, avec sa part d'inconnu ?
- Que vont devenir les relations importantes de ma vie ?
- Comment gérer l'éloignement ?
- Comment arriver à me détacher de mon environnement matériel, familial, affectif, social et à bien vivre cette rupture ?
- Est-ce que ce changement a du sens dans ma vie ? Pourquoi ?
- Quels seront les bénéfices d'un tel changement ?
- Pourquoi y aspirer ?
- Concrètement, comment vais-je m'y prendre chaque jour ?
- Comment vais-je pouvoir mettre mes projets en œuvre ?
- Comment vais-je vivre ma réalité dans cette nouvelle réalité ?
- Qu'ai-je à perdre de si précieux ?
- N'est-ce pas la vie et l'ensemble de ses possibles qui est le plus important à mes yeux ?
- N'est-ce pas tout ce que j'en apprends chaque jour qui la rend riche et unique ?
- Quel est mon « essentiel » ?

Douter, particulièrement aujourd'hui avec le recul, me paraît très salutaire. Douter, c'est s'obliger à regarder plus profondément ce qui nous anime et ce qui nous fait peur. C'est aussi une manière de garder la tête froide, de rester simple et modeste. «Oui, j'ai un beau projet mais, à ce jour, rien ne garantit son succès, rien!»

Les deuils

Le deuil est une étape du processus psychologique lié aux changements. Laisser mourir une part de soi qui n'a plus envie d'exister pour laisser la place à autre chose de nouveau, de différent et, sans doute, de plus vivant. Il y a donc tout un cheminement pour chacun d'entre nous afin de fermer le chapitre du passé et d'entrouvrir le futur. C'est aussi l'occasion de dire au revoir et de se détacher d'une nostalgie ou de souvenirs qui pourraient devenir pesants au loin et au fil du temps.

J'ai compris à travers ce changement significatif de ma vie que changer, c'est accepter de changer de contexte, certes, mais aussi notre propre réalité et notre regard sur l'inconnu. Je me souviens encore de ma vulnérabilité à ce moment-là. Être entourée de personnes qui me rassuraient et qui croyaient en moi fut une donnée essentielle dans cette traversée du désert. Je dois beaucoup à mes amis et à leur présence à mes côtés durant cette période.

Un changement est par définition dérangeant pour soi, mais il l'est aussi, par ricochet, pour les autres. Pourquoi partir? Au fond, pourquoi changer ce qui va bien? Je réalisais qu'il fallait gérer l'impact de ces changements non seulement dans ma vie, mais également dans celle de mon entourage. Ils étaient heureux – car ils savaient à quel point ce projet vivait en moi depuis de nombreuses années – mais aussi inquiets.

Changer fait changer, dérange, bouscule et irrite. Car ce type de changement n'est pas voulu et choisi par l'entourage: il est subi et parfois incompris. Je réalisai entre autres les différences significatives entre les individus. Chacun réagit en fonction de son cadre de référence, de ses peurs et de ses représentations de l'inconnu. Nous comprendre les uns les autres dans nos différences chargées d'émotions est une expérience enrichissante mais parfois décevante. Car c'est admettre qu'avec certains il n'y aura pas de compréhension possible. C'est admettre que ce qui nous tient à cœur, nous anime n'a pas le même effet sur d'autres personnes.

En résumé, être libre de ses choix et de sa vie suscite bien des réactions autour de soi! À cette étape, le processus de deuil est en marche, et renoncer prend un certain temps. Il s'agit de renoncer à une situation *connue*, à un environnement dans lequel on est *reconnu* pour aller vers une nouvelle aventure avec sa part d'*inconnu*.

Le détachement

Seule, je me préparais. Je quittais chaque jour davantage le monde qui m'entourait, mes repères de vie, mon appartement, mon cercle d'amis, mes activités, les gens que j'aimais... tout ce qui avait compté dans ma vie les sept dernières années, cette vie que j'avais reconstruite jour après jour, année après année.

À ce moment-là, il s'agit d'une intime conviction, d'une croyance personnelle plus que d'une réalité. C'est aussi une dualité émotionnelle à l'intérieur de soi. La projection, le besoin d'être déjà dans le projet futur finit par prendre le dessus. Je me souviens que je me connectais chaque jour au portail de la Ville de Montréal pour regarder la météo, les nouvelles; je vivais par procuration, et je m'éloignais. Je ressentais chaque jour davantage ce détachement. Un détachement aux choses, aux lieux et aux personnes. Réaliser, jour après jour, la fin d'une époque et profiter des derniers instants et des souvenirs. Contempler ce qu'on laisse pour s'émerveiller de ce que l'on va découvrir. À cette période, l'une de mes meilleures amies me dit un jour: «Tu es physiquement là; et pourtant, je te sens absente.»

Cette période d'entre-deux fut marquée par de nombreuses émotions différentes, voire paradoxales. Un changement de cette nature, de cette ampleur engendre une prise de risques non négligeable. Tout le monde ne se sent pas naturellement à l'aise avec ce genre de situation. Il faut être lucide et accepter de passer à travers des remises en cause, des mises à l'épreuve et de l'incertitude.

Inutile d'ajouter qu'une expérience comme celle-là nous révèle à nous-mêmes. C'est une expérience dont on sort changé, grandi, donc différent.

L'expérience du lâcher-prise

Un renouveau de ce type implique une étape, une expérience de vie très marquante, celle de l'abandon et du lâcher-prise. Pour passer d'un monde à l'autre, d'une vie à l'autre, il faut faire le pas. Dans sa tête, puis dans la réalité. S'abandonner à ne pas tout savoir, à ne pas tout contrôler. S'abandonner à la part d'inconnu et se dire: «J'ai confiance en la vie.»

Je me souviens d'avoir observé, à l'automne, les feuilles qui se détachaient des arbres et qui tourbillonnaient dans le vide, au gré du vent. C'est un peu la description que je ferais des sensations liées à ces différentes émotions : le lâcher-prise, l'abandon et la confiance nécessaire dans l'avenir, dans le renouveau du printemps, de la nature, de la vie. C'est l'image la plus visuelle qui me vienne à l'esprit pour les décrire.

Pourquoi tout cela ? Pourquoi un tel cheminement ? Pourquoi autant de réflexion avant de passer à l'action ? Pourquoi ne pas foncer et voir ? J'ai aujourd'hui une réponse personnelle : prévenir la fuite. Partir pour fuir entraîne souvent une désillusion, car ce que l'on fuit continuera d'exister.

Mon projet

À ce moment-là, je disposais d'un an pour stabiliser ma situation à Montréal et pouvoir y rester. Je partais sans emploi et avec peu de moyens financiers. Je m'étais inscrite à plusieurs séminaires de perfectionnement à HEC Montréal, dans un premier temps, puis je me donnais le recul suffisant pour voir comment actualiser ma vie professionnelle là-bas.

Par coïncidence, au moment où je cherchais un logement à distance, je rencontrai à Lyon, de manière fortuite, une Montréalaise qui louait justement une chambre à Montréal. Je fis donc sa connaissance deux mois avant mon départ. Le fait de me sentir accueillie me procura beaucoup de joie et soulagea mes inquiétudes. Je savais que je serais attendue, mais je n'imaginais pas alors à quel point l'accueil qui me fut réservé dans cette famille québécoise serait réconfortant et constituerait un soutien précieux.

L'amour de mes proches

Derniers moments avec mes intimes, dernière soirée entourée des miens. Deux de mes meilleures amies avaient l'une et l'autre, sans se le dire, choisi une citation d'Oscar Wilde pour ces derniers moments partagés : « La sagesse est d'avoir des rêves suffisamment grands pour ne pas les perdre de vue lorsqu'on les poursuit. » Je partais dans et avec l'amour de mes proches.

C'était mon chemin, mon destin, et rien ni personne ne me ferait changer d'avis. J'en arrivais même à redouter qu'un obstacle ne survienne et stoppe le processus, empêche mon départ pour quelque raison que ce soit. Impossible, je partirais comme prévu !

Nous étions tous très émus à l'aéroport. Je n'oublierai jamais la dignité de mes parents, qui contenaient un chagrin si perceptible. Lorsque je franchis la baie vitrée, je leur envoyai un dernier baiser avec un mouvement du cœur spontané et j'articulai distinctement: «Je vais être heureuse!», les larmes aux yeux. Puis, je leur fis un dernier signe de la main avant de rejoindre le corridor de départ.

L'envol

Vint alors le moment sacré de l'envol, que je n'oublierai jamais... En fermant les yeux, je me revois dans cet oiseau de métal quittant le tarmac dans le reflet des baies vitrées de l'aéroport de Lyon-Saint-Exupéry, à l'aube, et s'élevant vers le ciel à la rencontre de la lune et du soleil qui s'étaient donné rendez-vous. Oui, je ressens encore cette puissance lors de la poussée des réacteurs, cette sensation de chaleur et de papillonnement dans mon bas-ventre lorsque les roues quittèrent le sol. De ma vie, jamais je n'oublierai ce moment béni et sacré. À l'aube d'un jour, à l'aube d'une vie tout entière. Quelle aventure extraordinaire que de vivre ses rêves, d'en être conscient, et de pouvoir mesurer et savourer la portée de cet acte, de ce symbole!

Ce fut magique! Un moment sacré infiniment émouvant, puissant, enivrant, apaisant. Un lâcher-prise total m'envahit. Quelle expérience unique! Il m'est difficile de décrire toutes les émotions que je ressentais à ce moment précis. Seule l'expérience de le vivre peut révéler l'ampleur et la puissance d'une telle aventure intérieure. J'étais bouleversée. Je me sentais en pleine possession de ma vie et de ma destinée. Que ce fut fort, émouvant et inoubliable! Un an après, j'en ai encore des frissons et les yeux emplis de larmes en écrivant ces mots.

Vivre en conscience et pleinement le passage d'une vie à l'autre, d'une histoire à une autre, d'une femme à une autre. À ce moment précis, ma vie changea. Pendant le vol, je le ressentais fortement, en toute sérénité. J'étais prête, il ne me restait plus alors qu'à vivre ailleurs et autrement.

Je sentais aussi que le regard que je portais sur la vie ne serait plus jamais le même; je ne serais plus jamais la même... Une bascule s'opérait en moi, un point de non-retour profond et calme. Une sorte de paix intérieure m'habitait chaque minute davantage. Je n'avais jamais ressenti cela auparavant.

Montréal, terre d'adoption et de cœur

Au moment de l'atterrissage, je découvris Montréal, qui avait revêtu ce jour-là son beau manteau blanc immaculé. Je me disais: «Voici ma patrie d'adoption et de cœur.» Je n'avais jamais rien ressenti de tel dans tous les changements que j'avais opérés jusqu'alors. Ce changement, qui allait en engendrer cinq autres majeurs, était sans l'ombre d'un doute un tournant de ma vie, un changement aussi personnel qu'indescriptible.

Je réalisai d'ailleurs, à ce moment précis, les enjeux de taille liés au changement de tous les repères en même temps. Je pris alors conscience de l'ouvrage qui se trouvait face à moi et en même temps je réalisai que dans ce contexte, tout devenait possible, car tout était à reconstruire.

À mon arrivée et dans les jours qui suivirent, j'eus une sensation nouvelle, celle de me sentir vivante, pleine d'envies, d'idées, de renouveau, d'énergie créatrice. Je ressentais un profond bien-être et je savais que je connaissais cet endroit. Je me sentais déjà chez moi, comme si je l'avais quitté la veille. Je sentis soudain que je me déconnectais instantanément de ma vie passée, de la France et de ce que j'y faisais. Incroyable!

Très vite, je me sentis au bon endroit, au bon moment, avec les bonnes personnes. Quelle étrange sensation! Je sentais un ancrage extrêmement solide et fort. Je ressentis vraiment l'élan créateur dont parle Guy Corneau[2]. Cet auteur fut un éclaireur, un guide dans mon évolution personnelle à travers ses ouvrages. J'ai beaucoup de respect pour son travail et sa contribution au monde. Je lui dois beaucoup, il m'a beaucoup inspirée.

Dès le début, mon envie première fut d'aller à la rencontre des gens, de découvrir, d'explorer cette nouvelle réalité, de ressentir les premières émotions après cette arrivée tant désirée. Je me souviens de m'être demandé: «Finalement, qui suis-je, ici?» La réponse fut simple: «Personne.»

Je réalisais jour après jour l'ampleur du chemin de reconstruction qui s'ouvrait à moi. Après la déconstruction, en France, l'heure était venue de rebâtir. Contrairement à ma première expérience, sept ans plus tôt, je me sentais beaucoup plus solide, armée, et plus expérimentée aussi. La joie qui m'habitait était nouvelle, tel une source qui jaillissait, un rayonnement intérieur qui me guidait. Je continuais

---

2. *Le meilleur de soi*, 2007.

de lâcher prise afin de donner toute la place à l'imprévu, de laisser un espace suffisamment grand en moi pour accueillir la nouveauté, les personnes que je rencontrais, les projets qui allaient se dessiner.

À ce moment-là, je ne savais rien du lendemain et j'acceptais avec calme et sérénité cette part d'inconnu; je la pressentais féconde. Accueillir chaque journée qui commence, chaque rencontre, chaque regard, chaque geste. Ce fut une très belle période. Je me sentais vraiment fidèle à moi-même et au rendez-vous de ma vie. Je me sentais protégée, je ne percevais aucune menace, aucun risque: j'avançais dans la confiance. Confiance en moi-même et en la vie. Et elle fut très généreuse à mon égard.

L'immersion

Je ressentais l'enthousiasme fou de conquérir cette nouvelle vie, de la croquer à pleines dents, ainsi que la libération d'avoir fait le pas. Il m'arrivait de chanter à tue-tête dans la rue, de lever les bras au ciel. Jamais je n'avais fait cela avant, jamais!

Très vite, je perçus et sentis comment appréhender cet environnement, les professionnels que je rencontrais, car je me fiais essentiellement à mon intuition. Au fil des rencontres, je réalisais que j'étais prête depuis longtemps. J'en prenais alors toute la dimension. Je savourais ce bonheur simple, cette félicité nouvelle, cette légèreté insoupçonnée et cette paix intérieure qui m'animaient. Ce qui n'était jusqu'alors que d'intimes convictions, de l'intuition, devenait chaque jour plus réel.

Le rêve devint réalité

Difficile d'imaginer la puissance, la transcendance que cela procure. Elle se vit à plusieurs niveaux et de manière «tripale». C'est à vivre, il m'est très difficile de trouver les mots justes. Ce bien-être, cette confiance m'ont donné une aptitude nouvelle à oser. C'était peut-être aussi le fait d'être hors de ma patrie, de ses repères et de ses codes socialement acceptés.

Je n'avais que faire de plaire ou de déplaire; je n'avais qu'une envie, celle d'être. Être moi-même, être vraie, être qui je suis, sans fioriture. Dans cette nouvelle vie qui s'offrait à moi, je souhaitais être au plus près de mon cœur et de celui des personnes que je croisais. En un mot, ce fut le choix tant espéré et attendu de l'authenticité.

L'exploration

Un chemin de découvertes, de rencontres, d'idées, d'échange et de partage. C'est une expérience de vie unique en soi. Jusqu'à ce que certaines rencontres soient si déterminantes qu'elles vous poussent au-delà de vos limites, de vos freins, de vos peurs, et vous aident à vous accomplir en tant qu'individu.

J'ai rencontré des personnes très chaleureuses. Je suis touchée et admirative, car la valeur du cœur est très présente ici. Les gens agissent en fonction de lui et de leur ressenti. Cela me touche beaucoup. Au-delà de nos différences culturelles, je crois que cette valeur nous rassemble et gomme les autres nuances. Je pense tout particulièrement à ma famille d'adoption qui, très rapidement, m'a conviée à ses fêtes familiales; je me sentis incluse très rapidement. J'ai eu beaucoup de chance de rencontrer de si belles personnes si tôt. D'autres m'ont ouvert des portes professionnelles et ont ainsi facilité mes premiers contacts.

Des personnes comme celles-là sont des guides, elles vous donnent des clés. Libre à vous d'ouvrir les portes correspondantes. Libre à vous de définir les limites, le périmètre, l'horizon. C'est alors une sensation de profonde liberté, mais aussi, à nouveau, de peurs proportionnelles à la prise de risques.

Encore une fois, aller au bout de ses rêves demande tellement de ressources pour ne pas se limiter et s'interdire des choses. Il est plus que jamais question d'oser. Je me disais alors dans mon for intérieur: «Finalement, qu'est-ce que j'ai à perdre étant donné que tout est derrière moi? Rien. Il se pourrait même que je m'apprête à vivre le meilleur!»

J'ai donc avancé sur mon chemin avec cette croyance et cette confiance. Et effectivement, les portes se sont ouvertes les unes après les autres. La vie était douce, belle et si généreuse. Je n'en croyais pas mes yeux. Devenir qui nous sommes est, de mon point de vue, l'un des plus beaux cadeaux de la vie. À ce moment précis de mon existence, ma vie prit tout son sens.

L'immersion se poursuit

Un mois venait de s'écouler; et pourtant, je vivais alors un sentiment d'atemporalité. Tout avait changé: mes repères, ma vie, mon corps, mon regard sur la vie et les personnes qui m'entouraient. Je suivais mes balises, c'est-à-dire les différents projets que j'avais amorcés avant de partir. Je multipliais les rencontres professionnelles et j'assistais à des conférences, à des formations de perfectionnement dans mon domaine de compétences afin d'observer et d'apprendre des organisations.

Cette période fut celle de l'expansion, de l'ouverture aux autres et de la création de plusieurs réseaux en parallèle: professionnel, personnel et social. Ma seule préoccupation était de créer des liens et d'être en lien avec les autres. Cette époque fut très fertile. Je fis aussi le choix de laisser une place importante à la créativité, à la fois pour faciliter mon intégration et par envie personnelle dans cette phase d'ouverture et de découverte. Laisser ma créativité me révéler, et m'exprimer à travers elle. Elle m'apporta d'ailleurs des clés de compréhension sur mon environnement et contribua à mon équilibre.

Je ressentis dans cette phase de conquête l'importance d'être proactive et d'exprimer qui j'étais vraiment. Tant qu'à reconstruire une nouvelle vie, autant qu'elle nous ressemble, non? L'importance aussi de laisser une part importante à l'intuition. Elle a orienté en grande partie mes choix. Certains d'entre eux se sont révélés déterminants dans mes orientations personnelles et professionnelles. Faire confiance à son intuition est aussi une belle expérience en soi.

La toile prend forme, les personnages prennent place, le paysage se dessine... Une toile est un peu notre réalisation, notre œuvre; quelles que soient sa valeur et sa qualité, elle est nôtre et n'a pas de prix. Elle nous ressemble, elle est porteuse de qui nous sommes, elle est la représentation dans la réalité de nos aspirations, de nos rêves qui se transforment et prennent corps.

Un rêve symbolique

Fin mai, trois mois après mon arrivée, je fis un rêve chargé de sens. Ma famille et moi étions réunies dans la maison de mes parents, en France. Mes proches étaient présents pour me veiller, car je m'affaiblissais. Il ne me restait plus que quelques heures, une journée tout au plus, à vivre. Je me sentais sereine à l'approche de ma mort. Je leur disais de ne pas s'inquiéter, qu'il y aurait simplement une étoile de plus dans le ciel. Ils pourraient me voir chaque soir briller, à côté de celle du berger. C'est alors que je mourus dans les bras de mon plus jeune frère.

Sa douleur et sa peine me firent pleurer. J'ouvris alors les yeux, remplis de larmes, et je découvris ma chambre, à Montréal. Un profond soulagement m'envahit, car j'étais ici. Tout au long de la journée qui suivit ce rêve, je me sentis profondément et intensément vivante. Le deuil du départ faisait son chemin. La Béatrice d'hier mourait pour renaître.

La construction

Dès mon arrivée, mes premières actions furent de prendre mes repères dans le quotidien afin de me situer géographiquement, dans mon quartier et dans la ville. Mon objectif était d'être de plus en plus autonome, de connaître le fonctionnement des transports et leurs directions, les commerces, les banques, la poste, etc. Tous les repères de base que l'on oublie lorsque l'on vit au même endroit depuis des années.

Dès que je me sentis prête, je commençai à me rendre à des réunions, des conférences, des petits-déjeuners. Je fis une étude de marché rapide de mon secteur professionnel : les organisations en général, les attentes des employeurs, la situation de l'emploi et les exigences, etc. Mon objectif était de me situer au plus vite dans le champ professionnel afin de m'ajuster.

J'en profitai aussi pour prendre du recul afin de définir mon positionnement professionnel. Quelle professionnelle suis-je, en particulier ici ? En France, ma vision était claire, mais ici ? En quoi suis-je différente, et est-ce un atout ? Dois-je tout rebâtir de zéro ? Ai-je déjà quelques acquis, quelques fondations ? Quelle est l'étendue du chantier ?

Semaine après semaine, j'affinais le réglage de mon curseur afin de me situer au plus juste et de manière réaliste. À ce moment-là, je ne savais pas encore si je pourrais exercer mon nouveau métier, s'il me faudrait des qualifications spécifiques, si j'allais travailler rapidement.

Je créai alors des supports de communication pour me présenter : mes convictions, mon parcours et mes objectifs professionnels. Il me fallut un mois et demi environ avant que mon réseautage porte ses fruits. Je commençais une mission dans un domaine qui n'était plus le mien, mais qui me permettrait de rentrer à l'intérieur d'une organisation et de pouvoir ainsi poursuivre mon analyse, mon observation et mes études sociologiques de l'intérieur. Telle une anthropologue, je découvrais les différences, les valeurs des personnes que je rencontrais, et je trouvais cela passionnant !

Je me réjouis chaque jour de la richesse de nos différences, que j'appréhende dans les formations que j'anime, de leur impact et, par-dessus tout, de l'enrichissement sur le plan humain que cela m'apporte. Ce n'est pas un pays ou un autre, une culture ou une autre, une culture organisationnelle ou une autre, c'est la somme des deux, une belle addition!

Puis, dans l'attente de propositions davantage en lien avec mon métier, je passai plus de deux mois à écrire le premier jet de ce livre à la bibliothèque de HEC Montréal. J'y consacrai mon été et c'est l'un des plus beaux souvenirs de ma vie. Car après avoir réalisé mon rêve de vivre ailleurs et autrement, je réalisais celui d'écrire un livre. Cette expérience que je dois à Céline Bareil est sans conteste l'une des plus belles que j'aie vécues. Ma rencontre avec elle fut un événement marquant de mon histoire dans cette ville. Quelques mois après mon arrivée, je suivais en tant que participante son séminaire intitulé *Dans la turbulence du changement: interprétez les réactions et agissez judicieusement* à HEC Montréal. J'étais complètement enthousiasmée et passionnée par le sujet et la façon dont Mme Bareil le traitait.

À l'issue du séminaire, nous nous rencontrâmes. Je me sentais privilégiée de discuter des changements et des ressentis qu'ils suscitent avec *la* personne de référence sur ce sujet à Montréal. Cette rencontre m'a profondément bouleversée. Là, tout a basculé. C'est à ce moment précis, et sur ses recommandations, que je commençai l'écriture de ce livre. Mme Bareil m'accompagna tout au long du processus de création.

Après plus de dix années à travailler de manière très soutenue dans des contextes professionnels exigeants, stressants et parfois humainement difficiles, je m'offrais une parenthèse. J'entrais dans ma bulle et j'écrivais des heures durant... Quel bonheur d'écrire! Quel privilège! Écrire est une expérience intérieure profonde, surtout sur ce sujet qui me touche et me ressemble tant et pour lequel je voue une vraie passion.

Puis, quelques mois plus tard, vinrent les propositions; j'allais amorcer une phase concrète et opérationnelle. Je menais de front non pas une, mais deux vies professionnelles: l'animation et l'enseignement. Mes deux occupations étaient exigeantes. Je découvris alors des univers professionnels distincts avec leurs repères spécifiques, leurs différents publics, leurs attentes, etc. Bref, tout un défi!

Cependant, j'étais heureuse de pouvoir exercer mon métier et d'avoir si tôt – quatre mois après mon arrivée – ces occasions. Beaucoup de concentration, des acquisitions à haute dose de nouvelles données, du stress et des preuves à fournir chaque semaine, pendant plusieurs mois. Chaque jour, je mesurais l'écart à la fois dans les perceptions, les connaissances et le savoir-faire entre mes acquis et cette nouvelle réalité professionnelle. Il y en avait un certain nombre! L'expérience reste encore une fois l'un des meilleurs apprentissages.

Ce chemin fut balisé à la fois d'empreintes culturelles, de différences et de richesses mutuelles. Une phase d'immersion totale dans la découverte puis, petit à petit, un sentiment d'appartenance plaisant et vital. Je créais chaque jour un peu plus ma vie en cherchant et en choisissant mes repères ainsi que les personnes qui m'entouraient tout en continuant à réfléchir à mes aspirations profondes dans ce nouveau contexte de vie.

Bilan et perspectives

Vivre ailleurs

Un an après mon arrivée, je peux dire que l'intégration était en grande partie réussie. Je ne sens plus aucune différence. Je me sens d'ici et d'ailleurs, avant tout multiculturelle. Ma préoccupation, dès janvier 2008, fut le «autrement».

Vivre autrement

Comment imaginer une vie différente, une voie professionnelle nouvelle laissant place à ma créativité? Comment faire en sorte que mes priorités de jadis ne soient pas dans les mêmes proportions ou aux mêmes endroits? Comment créer un autre modèle de vie? Que faire de ma passion pour l'écriture?

Finalement, ce changement de vie m'a amenée, tout au long de cette première année de prise de marques, à redéfinir, à repenser mon existence différemment en prenant en compte les impacts de ma nouvelle réalité. Quels sujets de réflexion passionnants! «Inventer la vie qui va avec», c'est un slogan publicitaire en France. C'est bien de cela qu'il s'agit.

J'ai observé à plusieurs reprises que dans les moments de changements majeurs vécus, mes ressources internes ont eu une capacité tout à fait surprenante de se décupler. Elles sont la force de vie présente en chacun de nous. Elles nous invitent à passer de la *survie* à la *vie*. Devenir acteur à part entière de sa vie et de ses choix, c'est créer, construire et reconstruire, penser et repenser sa vie. C'est aussi se donner l'occasion de le faire en toute liberté et en conscience.

En définitive, ma quête reste la recherche permanente de l'équilibre dans la simplicité et l'authenticité. Elle est à réactualiser, à faire vivre et à développer chaque jour.

Je peux vous dire aujourd'hui que je suis très heureuse de mes choix de vie. Heureuse des changements que j'ai opérés, qu'ils aient été voulus ou subis. Tout bien considéré, tous avaient un sens profond, parfois caché. Ces changements m'ont amenée pas à pas à vivre mon évolution personnelle, les transformations intérieures qui ont modifié à jamais mon regard sur la vie, sa brièveté, sa préciosité, sa rareté ainsi que sa générosité.

Je ne vous dirai pas que la route fut facile et que, dès demain, vous aurez ce que vous désirez, car je ne minimiserai pas les impacts, les traversées du désert, les douleurs, les remises en cause qu'elle a engendrés. Néanmoins, aujourd'hui, je peux vous dire haut et fort : oui, cela en valait la peine. La réalité fut bien au-delà de mes espérances !

Pour la première fois de ma vie, à 35 ans, je ressens une sérénité, une profonde paix intérieure, le sentiment d'être sur mon chemin, qu'il soit ici ou ailleurs. Je le connais. Il est en moi et me suivra où que j'aille. Cette découverte n'a pas de prix, elle vaut tout l'or du monde. Cette expérience de vie me fait singulièrement penser au processus de transformation alchimique.

Alors, partons à la conquête ! Ne perdons pas de temps !

Transformons notre plomb en or afin de donner sens à nos vies !

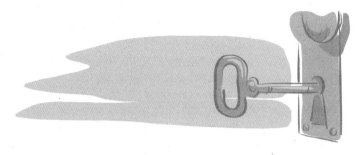

Voyage au cœur
des changements de nos vies

Où est le sens profond de ce qui nous anime, nous bouleverse, nous terrifie ou nous pousse vers la découverte, l'inconnu ? Arrêtons-nous un instant pour tenter de saisir ce qu'est ce sens et sa portée. Au fond, que désirons-nous vraiment faire de nos vies ?

Quelle est notre quête ?

Notre quête pourrait être une soif de mieux-être, de renouveau et d'évolution ayant pour finalité le bonheur, par exemple. Nombreux sont ceux, philosophes, théologiens et grands de ce monde, qui ont contribué à cette réflexion humaniste. Jean-Jacques Rousseau, entre autres : « Tout homme veut être heureux mais pour parvenir à l'être, il faudrait commencer par savoir ce que c'est que le bonheur. » Nous en avons tous une représentation, une définition propre. D'après certains sociologues, le bonheur, c'est le degré selon lequel une personne évalue positivement la qualité de sa vie dans son ensemble, c'est-à-dire qu'il exprime à quel point elle aime la vie qu'elle mène.

Une fois que notre quête est mieux cernée, que la vision et le sens ont pris place, comment mettre en œuvre et organiser notre vie autour de ce qui est essentiel pour nous ? Quels changements envisager ? Comment les opérer ? Comment concevoir la suite ? Les changements de nos vies sont nos réponses mais aussi les pierres qui balisent notre chemin tout au long de cette quête personnelle, de ce projet inachevé, oublié, ou de ce rêve enfoui qui nous tient tant à cœur. Comment nous rapprocher de notre quête?

Amir, un homme d'origine marocaine, a vécu un changement de religion. De confession musulmane, il a choisi d'être athée. Amir a fait ce choix pour être fidèle à lui-même et à ses convictions. Ce changement profond a eu un très grand impact dans sa vie, tout particulièrement sur son entourage proche, sa famille et ses amis. Sa vie sociale a changé. Son ressenti lui a révélé qu'il fallait, à ce moment de sa vie, qu'il se mette à la recherche de lui-même afin de savoir qui il était réellement. Ce choix courageux a été le déclencheur d'un changement intérieur, d'une quête identitaire.

À cette époque, Amir n'avait que 17 ans; il a mis dix ans avant de pouvoir exprimer ce chemin d'évolution et de l'assumer devant les autres. «À un moment donné, je me suis senti perdu, je ne savais plus à quoi raccrocher mes valeurs. J'ai tout rejeté, je me suis replié sur moi-même afin d'essayer de comprendre et de trouver mon chemin.» Amir ajoute que «lorsque l'on arrive à être en adéquation avec cette conscience de soi, c'est comme si on s'était retrouvé; c'est une réconciliation». C'est prendre conscience de ce qui nous anime vraiment, de ce qui nous inspire, nous guide, nous donne des ailes et la force d'accomplir.

Qu'est-ce que changer?

On ne peut pas changer ce que l'on est,
on peut seulement changer la façon dont on se sert de ce que l'on est.

Michèle Declerck, psychanalyste[3]

Changer est inspirant. Qu'en pensez-vous?

* Changer, n'est-ce pas accepter d'aller vers l'inconnu, la différence, et donc la nouveauté?

* Changer, n'est-ce pas clore un chapitre de notre vie, pour en écrire un nouveau?

* Changer, n'est-ce pas se confronter à la fameuse «croisée des chemins»?

* Changer, n'est-ce pas se donner une chance de se renouveler, d'apprendre, de s'enrichir et de grandir?

---

3. Extrait du dossier «Changer, devenir soi en mieux», *Psychologies magazine*, janvier 2008.

Parfois, les premières sensations et réactions aux changements que nous vivons peuvent être bien éloignées des perceptions précédentes. Pourtant, *a posteriori*, nous sommes nombreux à les avoir constatées et à pouvoir en témoigner.

Pourquoi changeons-nous?

Souvent, on est tenté de se dire: «On verra plus tard, ... demain, ... lorsque les enfants seront plus grands, ... lorsque j'en aurai les moyens, ... lorsque je n'aurai plus le choix», etc. Aborder un changement suscite des peurs, des inquiétudes qui peuvent, de prime abord, nous dissuader. Même lorsque nous n'avons pas d'autre choix que de les vivre, nous les sous-estimons ou les nions parfois: «À ça, jamais!»; «Il n'en est pas question!»; «Je ne vais pas me laisser faire». Car les changements que nous vivons et que, parfois, nous provoquons ne sont pas toujours conscients. Nous pouvons cependant en cerner les raisons sans en connaître nécessairement les vraies causes ou origines.

Nombreux sont les exemples de personnes qui décident de changer de pays sans même connaître leur lieu de destination, car l'envie à ce moment-là est de vivre autre chose, dans un autre endroit. Puis, un jour, elles réalisent que cet endroit est celui qu'il leur fallait. Elles avaient fait inconsciemment le bon choix!

Avez-vous déjà eu envie de changer d'emploi alors que tout semblait rouler parfaitement, mais que le désir d'aller vers autre chose, de quitter votre confort était plus fort, pour finalement découvrir quelques mois plus tard que c'était le choix qui s'imposait et le plus pertinent à faire?

Alors, pourquoi changeons-nous?

- Par nécessité d'adaptation. Il est certain que changer est devenu une nécessité pour nous inscrire dans l'évolution globale de nos sociétés, dans la mondialisation et dans nos organisations. Nous sommes davantage sollicités en termes de flexibilité, d'adaptabilité et d'exigences.

- Par choix, pour assouvir, par exemple, nos passions, qu'elles soient artistiques ou professionnelles, changer de cap professionnellement ou personnellement, ou encore envisager à 40 ans de nouvelles orientations de vie.

- Pour évoluer personnellement afin de développer nos connaissances et notre conscience personnelle, psychologique, philosophique ou spirituelle.

- Pour évoluer professionnellement, pour développer de nouvelles compétences, augmenter notre efficacité personnelle, notre leadership, être davantage congruents dans nos choix.

- Pour nous protéger en quittant, par exemple, un environnement ou un contexte personnel ou professionnel qui ne nous correspond pas ou plus en termes de valeurs, de relations humaines, d'objectifs. Cette situation nous place alors devant un conflit de valeurs ou d'intérêts. Parfois, les signes d'incohérence sont très visibles et se manifestent par une difficulté d'adaptation récurrente et permanente, beaucoup de stress, de l'inconfort dans les relations professionnelles, des signes de démotivation qui s'accentuent. Certaines conséquences peuvent être très nuisibles : épuisement professionnel, dépression ou harcèlement.

- Par esprit de curiosité et d'ouverture, par envie de changer d'environnement, de culture ou de pays.

- Par goût du risque et du défi en créant ou en reprenant une entreprise, en changeant de mode de vie, d'organisation, en sortant du cadre que nous connaissons pour explorer au dehors, etc.

Alors, quelles étaient finalement les vraies raisons de nos récents changements, au-delà des apparences ? Le psychothérapeute Patrick Estrade[4] nous aide à faire le tri entre les mauvaises et les bonnes raisons de changer.

- Au départ, nous ne changeons pas pour autrui, nous changeons avant tout pour nous, car il s'agit d'une démarche très personnelle.

- Nous ne changeons pas non plus pour fuir la réalité ; au contraire, nous le faisons pour nous confronter à notre réalité, voire à nos dualités, à nos paradoxes. Autrement dit, changer nécessite d'être prêt à une exploration profonde de soi-même et de ses relations aux autres. Cela exige de passer par une crise. Si elle est douloureuse, c'est qu'elle nous oblige à remettre en question nos certitudes et à considérer ce qu'il y a de plus sombre en nous avant de tenter de le changer.

- Nous ne changeons pas par réaction, nous changeons pour tenter de nous enrichir de cette expérience et de ce qu'elle implique.

---

4. Dossier «Changer, devenir soi en mieux», *Psychologies magazine*, janvier 2008.

Changements choisis ou subis?

Avez-vous déjà distingué ces deux possibilités? Parmi les changements de votre vie, quels étaient ceux qui étaient voulus, préparés et organisés, et ceux qui vous ont pris au dépourvu, qui sont arrivés sans crier gare, qui vous ont fait l'effet d'une douche froide?

Dans nos vies actuelles, nous vivons un certain nombre de changements choisis et subis. Nous connaissons même parfois plusieurs changements en même temps. Notre attitude, nos comportements et notre niveau de résistance face à ces deux types de changements ne seront pas les mêmes.

Changements choisis

Ce sont les plus motivants, les plus enthousiasmants. Ils sont porteurs de vie, de soif de dépassement, de réalisation personnelle et d'accomplissement. Cependant, ils nous confrontent à notre peur de l'inconnu, à nos questionnements quant à notre profonde motivation à prendre ces risques, à la viabilité des projets entrepris.

Avec ces changements, nous vivons l'insécurité et l'inconfort mais, *a contrario* des changements subis, nous avons alors des ressources disponibles et vivantes en nous pour y faire face afin de persévérer. Dans ce cas-là, nous sommes pleinement créateurs de notre futur et en pleine possession de nos moyens.

Changements subis

Lorsqu'ils sont subis, nos changements sont beaucoup plus difficiles à accepter et à accueillir dans nos vies. La déstabilisation, l'effet de surprise (bonne ou mauvaise), le sentiment de ne pas avoir le choix, de se sentir piégés, trahis, la pression que cela implique (stress, peur, anxiété) influenceront significativement notre manière de les appréhender et de les gérer. Les exemples les plus courants dans ce cas de figure sont un licenciement, le départ subit de notre conjoint, une grossesse non désirée, etc. L'impact de ce type de changements est tel qu'il faut être conscient que personne n'est à l'abri et qu'on doit y être préparé afin d'y faire face.

Les changements subis que l'on peut percevoir comme menaçants, par exemple perdre son emploi, vont remettre en cause notre confort (loisirs, voyages, chalet, type de voiture), notre stabilité émotionnelle (perte des repères sociaux, sentiment d'exclusion, voire de honte, causé par le chômage) et notre besoin légitime de sécurité (avoir des revenus suffisants pour payer le loyer, les factures, l'essence, la nourriture, les assurances, etc.). Pourtant, cela vous paraîtrait-il fou d'imaginer la situation sous un autre angle, en décidant, une fois la période de choc passée, de changer volontairement votre regard sur l'événement? Et s'il devenait une occasion inattendue pour créer votre compagnie ou mettre en œuvre une idée, un projet humanitaire, artistique ou social que vous avez?

Comment regardons-nous les changements qui surviennent dans nos vies? Sont-ils des menaces ou des occasions?

Vivre une multitude de changements

Aujourd'hui, dans notre société et à notre époque, ne sommes-nous pas confrontés à vivre de plus en plus de changements? Non seulement nous en connaissons souvent plusieurs en même temps, mais leur fréquence est de plus en plus rapprochée. Nous en avons tous fait le constat à un moment donné. «Comment se fait-il qu'il faille encore que je change? Cette fois, on me demande de m'adapter à un nouveau réseau informatique avec de nouveaux codes de saisie de mes dossiers clients, alors qu'il y a de cela trois semaines, je rencontrais mon nouveau chef (très différent du précédent en termes de personnalité, de méthodes de travail et de style de gestion) et que la semaine dernière on nous annonçait un déménagement dans de nouveaux bureaux dans l'ouest de la ville.»

Les changements organisationnels sont une bonne illustration de cette situation. Chaque année, et maintenant plusieurs fois par année, nous devons nous adapter à une nouvelle stratégie, de nouveaux produits, de nouveaux collègues, un nouveau chef, des décisions de toutes sortes (gel de salaire, report de vacances, annulation de déplacements pour raisons économiques, nouvelles procédures, nouveaux outils, etc.). Devant cette réalité, nous ne prenons pas souvent le temps de reconnaître et de mesurer leurs impacts sur nous.

Cette réalité devient tellement fréquente qu'elle semble parfois se banaliser. On enchaîne les changements comme une course de saut d'obstacles, les uns après les autres. Jusqu'au jour où l'on se demande pourquoi on le fait, pourquoi on les accepte depuis des années. Malheureusement, c'est souvent à ce moment-là que le mal-être s'installe sans qu'on en comprenne tout de suite les causes.

Dans quel monde vivons-nous?
Quelles sont les perspectives?

Selon Joël de Rosnay, dans son ouvrage récent *2020: les scénarios du futur*, l'un des trois termes qui caractérisent l'évolution scientifique, technique et, plus généralement, la gestion des sociétés modernes est la complexité, qui régnera en maître d'ici les quinze prochaines années. Il propose une réflexion sur la façon de gérer cette complexité pour construire le monde de demain et, surtout, de mieux la comprendre pour ne pas que la subir.

Apprendre à vivre dans cette inéluctable complexité, s'y préparer et s'y ajuster représente un enjeu personnel et professionnel pour chacun d'entre nous. Saurons-nous gérer les changements occasionnés? Aurons-nous les aptitudes, l'expérience et les compétences requises pour ce faire?

Dans notre réalité actuelle, nous devons faire face à plusieurs types de changements qui touchent certaines sphères de nos vies plutôt que d'autres. De quels changements s'agit-il?

Nos changements personnels

Ce sont les changements liés à notre vie privée, à nos situations personnelles, à nos relations, par exemple un mariage, l'arrivée d'un enfant ou son départ de la maison, un divorce, l'achat ou la vente d'une maison, une garde partagée des enfants, un nouveau mode de vie quand on passe de la campagne à la ville ou l'inverse, et bien d'autres que vous connaissez. Certains d'entre eux ont un impact majeur sur notre existence.

Juliette, une jeune femme de 35 ans d'origine française, se souvient encore de cette période si difficile qu'elle a dû traverser malgré elle... Elle vivait en couple depuis deux ans environ, après avoir connu un divorce quelques années auparavant. Cette relation se déroulait pour le mieux et elle était alors très amoureuse de son compagnon.

Un jour, Juliette subit une hospitalisation avec des interventions délicates. Elle dut changer sa façon de vivre et interrompre ses activités professionnelles pendant six mois, le temps de se rétablir. À partir de ces changements (mode et lieu de vie, travail), la communication au sein de son couple devint de plus en plus difficile. Les récents événements avaient un impact non seulement sur Juliette, mais aussi sur sa vie de couple et sur son compagnon pour qui les repères devenaient différents également.

Un jour, l'état de « crise » entre eux fut tel qu'elle finit par lui demander clairement s'il voulait continuer avec elle ou non. La réponse de son compagnon fut qu'il avait besoin de vivre seul et qu'il ne pouvait lui assurer qu'ils se retrouveraient à l'issue de cette séparation provisoire. Juliette rassembla alors quelques affaires et partit au travail, ses valises dans sa voiture, ne sachant pas où elle dormirait le soir même. Elle ne voulait pas de cette séparation. Ce fut un changement de vie subit qui fut peut-être, entre autres, une conséquence de sa maladie et des impacts qu'elle eut sur leur vie à tous deux.

Les conséquences d'une telle décision sont nombreuses et éprouvantes : changer de lieu de vie, vivre et s'assumer seule, changer ses projets, faire des choix différents au quotidien, s'assurer une stabilité et une sécurité financière, renoncer à certaines relations amicales et devoir porter le regard et les jugements des autres : « Pourquoi vous êtes-vous séparés ? Vous étiez si bien ensemble ! » ; « Décidément, tu fais peur aux hommes » ; « Tu n'es pas capable de rester en couple plus de... »

Qui n'a jamais entendu ces remarques qui, bien souvent, font mal et blessent ? Qui mieux que les personnes concernées peuvent savoir ce qui s'est réellement passé dans le couple ? Qui peut prétendre être suffisamment « expert » dans le domaine des relations de couple pour donner des conseils ou estimer connaître la vérité ? Personne ! Les changements affectifs sont très douloureux et nous impliquent énormément. On ne sort pas indemne d'une relation dans laquelle on s'est investi et on a cru. Les impacts émotionnels sont nombreux, forts et perturbants. Comment appréhender et gérer ces situations sensibles ? Comment faire face à cette nouvelle réalité, dans ce cas-ci non voulue, non choisie ? Comment la vivre au-delà des mots ? Par quoi commencer ? Et par où ?

Les difficultés auxquelles Juliette dut faire face au cours de cette période très difficile de sa vie furent d'affronter et de surmonter sa peur de la solitude, la panique que cela soulevait de faire face seule à tous les choix de l'existence, la perte de confiance en elle et, à certains moments, la dépression. « J'ai perdu d'un seul coup tous mes repères. J'avais une impression de vide en moi, d'un gouffre, et d'avoir tout perdu. J'avais moins, voire plus du tout, d'envies. »

Les changements personnels que nous vivons nous confrontent. Ils nous mettent face à nos peurs, certaines d'entre elles étant souvent archaïques. Cela va susciter des comportements de fuite, de résistance et, parfois, de rejet.

Les affronter est courageux mais aussi salvateur. Nos peurs nous restreignent, nous empêchent d'accéder à certains de nos potentiels, de nos rêves, et donc de nos moteurs dans la vie. Y renoncer, c'est renoncer à une part de soi. Il ne faut pas craindre de souffrir, car la douleur et la tristesse sont inéluctables. Il faut accepter de passer à travers une période douloureuse ou morose. Il ne faut pas perdre de vue que le tunnel a une sortie à l'autre bout ; on doit continuer d'y croire quoi qu'il en coûte. Cela fait partie du prix à payer pour évoluer et vivre des remises en cause saines et libératrices par la suite.

Le témoignage qui suit parle d'un changement on ne peut plus significatif dans la vie, celui de la naissance d'une enfant très longuement désirée par Marie, son mari et leur charmante petite famille recomposée.

Marie est une jeune femme de 38 ans d'origine française. Parler d'un désir d'enfant n'était pas évident pour elle. À l'époque, elle n'osait même pas le formuler. Cette crainte était liée à des peurs immenses de défaillance et à la crainte de faire subir à un enfant des souffrances vécues par elle. La grossesse n'ayant pu se manifester, elle décida d'avoir recours à des traitements médicaux et à des démarches d'adoption semés d'embûches, de colères, d'espoir et de désespoir, de fermeture aux autres et à elle-même.

Plus les démarches se multipliaient, plus Marie avait le sentiment qu'elle ne serait jamais maman. « Un peu comme si cette idée semblait incompatible avec moi. Ça ne pouvait pas m'arriver et mon corps le refusait aussi. » Il lui fallut faire face à des échecs médicaux répétés. « Jusqu'au moment où j'ai su que j'étais enceinte. À cet instant précis, un calme et une joie immenses m'ont bercée, ainsi qu'une grande trouille, puis le bonheur d'oser songer à cette possibilité. Plusieurs facteurs ont contribué au fait que je tombe enceinte : un changement d'équipe médicale avec un niveau de confiance immense, un aspect relationnel humain réconfortant, une évolution personnelle et familiale profonde, et puis un lâcher-prise énorme, je pense. La grossesse a été un moment de grande joie. J'ai accepté d'être bouleversée de toute part, il n'y avait plus rien d'essentiel autre que ce moment de maternité. » Marie se souvient : « Lorsqu'on a déposé ma fille sur mon ventre, elle m'a fait l'effet d'un petit pain chaud. Je pleurais de joie, submergée par tant d'émotions, d'attentes et de peurs. »

Marie a réalisé à quel point, lorsque sa fille est née, sa vie a basculé et que ce changement n'aurait pu avoir lieu sans son mari. Il lui a permis d'aller chercher au fond d'elle des choses enfouies et il l'a autorisée à exprimer des désirs très profonds qu'elle avait ligotés, saccagés, déniés, anéantis et engloutis. Elle se disait qu'elle n'était pas de celles qui peuvent avoir un enfant seule. Elle a toujours eu besoin d'une épaule solide et elle se rend compte aujourd'hui que si les événements de sa vie n'étaient pas planifiés, calculés, projetés, ils n'émergeraient pas d'elle sans une sécurité psychique, relationnelle et conjugale profonde.

La présence de cette petite fille, avec ses deux sœurs issues d'une autre union, a toujours été dans le partage: «Lorsque je regarde la relation privilégiée que ma fille a avec ses grandes sœurs, ensemble ou individuellement, je découvre et j'accepte ce partage comme une richesse pour tous.» Au sein de sa famille «recomposée» (elle n'utilise jamais ce mot; pour elle, c'est davantage une famille composée d'individualités), Marie voit comment «les expériences individuelles de chacun sont riches pour les autres. Cela est vrai pour une famille plus classique, mais il me semble que dans notre cas, il y a plus d'éléments extérieurs à intégrer au fonctionnement intime de notre cellule familiale. Il y a aussi plus de vies, plus d'histoires, plus d'événements, plus de points de vue différents, plus d'apports de chacun, plus de problèmes à surmonter parfois, mais aussi plus d'échanges et d'expériences à partager. Cette naissance a été vécue et verbalisée comme un point de non-retour, une volonté de ne pas revenir en arrière et le constat d'une inscription indélébile sur l'échelle du temps».

La naissance d'un enfant, selon Marie, est «un tel mélange de vie et de mort, de peurs et de joies, d'histoires passées et d'avenir, de soi et des autres, de tellement de choses universelles et si uniques à la fois que c'est une grande désorientation. On découvre à cet instant que l'on ne s'appartient plus, que notre monde s'est agrandi, que la vie est précieuse, que notre enfant est beaucoup plus que soi-même. On se sent puissant et totalement vulnérable à la fois. Immense et si fragile. La vie prend alors une autre saveur. On se sent des ailes, on peut agir pour quelqu'un. On veut se montrer fort, aimant, attentif et sortir de son giron».

Je suis bouleversée par la puissance et les occasions qu'offrent les changements, en particulier lorsqu'ils sont vécus en conscience, comme dans le témoignage précédent. Quelle beauté et quelle simplicité en même temps! Prendre conscience de la quintessence m'émeut toujours beaucoup. À travers le témoignage de Marie, nous pouvons réaliser à quel point les changements offrent de nouvelles perspectives à la vie. Ils l'enrichissent considérablement. Il nous est impossible d'en mesurer les bénéfices avant de les avoir vécus, mais bien souvent, ils sont au-delà de nos espérances! Il ne faut donc pas avoir peur de tenter, d'oser, pour le meilleur de la vie et le meilleur de nous. Certains impressionnent plus que d'autres, mais il n'en reste pas moins qu'ils sont tous le signe du caractère vivant de la vie et de ce qu'elle a de plus grand à nous offrir.

Juliette m'a confié aussi que grâce à ce changement significatif dans sa vie, elle sait qu'elle peut se reconstruire; elle a appris sur elle-même en travaillant sur ses zones d'ombre (peurs, angoisses, croyances limitantes, etc.). Elle a aussi pris conscience et connaissance de l'importance de l'effet miroir dans un couple et, par-dessus tout, que rien n'est jamais acquis dans la vie. Depuis, Juliette a décidé de vivre l'amour dans sa vie et d'y croire à nouveau, avec un regard différent et plus éclairé sur la relation à deux.

Nos changements professionnels et organisationnels

Depuis mon arrivée au Québec, je constate, sur la base de mon expérience professionnelle (dont la consultation pendant plus de dix ans dans différentes entreprises en Europe), que ce sujet touche toutes les organisations, quel que soit le continent. Nos préoccupations sont les mêmes en tant qu'habitants de pays développés. Il s'agit des changements qui touchent notre emploi, l'entreprise dans laquelle nous travaillons et le secteur d'activité dans lequel nous sommes.

Combien de fois par année devons-nous nous adapter dans notre travail? De quelles adaptations s'agit-il? Sommes-nous préparés à cela? Quel stress cela cause-t-il? Les changements entraînent tellement de questionnements, d'inquiétudes, de doutes, de stress, de peurs... Et le rythme s'accélère...

Parfois, en l'espace d'une année, nous pouvons vivre un changement de poste et de responsabilités, l'arrivée d'un nouveau dirigeant, d'un directeur issu d'un milieu différent, donc qui peut amener un changement de culture au sein de l'entreprise et de l'équipe. N'avons-nous pas vécu aussi des changements touchant les valeurs de l'entreprise, notre métier, les produits, les marchés, les fournisseurs, les concurrents? Comment parvenons-nous à y faire face? Réalisons-nous le niveau d'exigences que nous nous imposons? Connaissons-nous les impacts de ces changements sur notre vie, notre équilibre et notre santé? Bien souvent, nous passons au travers en attendant le suivant ou en espérant qu'il n'y en ait pas d'autres...

Mais la vie actuelle, avec ses enjeux financiers, de performance et de mondialisation, nous rattrape. À travers le témoignage qui va suivre, j'espère apporter un éclairage sur ce que chacun d'entre nous est susceptible de reconnaître en tout ou en partie dans sa réalité professionnelle.

Bienvenue dans le monde des changements organisationnels dans nos vies!

Je travaillais à l'époque dans une agence de conseil en communication qui couvrait de nombreux champs d'intervention touchant des supports de communication aussi variés que l'édition, l'emballage, les relations publiques et la presse, l'événementiel, le Web, etc. Cette entreprise, constituée d'une équipe de plus de vingt collaborateurs avec une faible rotation du personnel pour le secteur, avait une bonne notoriété et n'avait vécu aucun changement stratégique significatif au cours des dix dernières années.

L'organisation comprenait un dirigeant ainsi que des directeurs et une directrice à la clientèle: c'était ma fonction à l'époque. Nous étions directement rattachés à notre supérieur et avions des objectifs et des périmètres distincts (portefeuille clients, assistanat, facturation, fabrication, etc.). L'agence comptait aussi un pôle créatif (des directeurs artistiques, des concepteurs-rédacteurs, un studio d'exécution) et un pôle administratif: une organisation standard pour une agence structurée. En l'espace d'une année calendaire, tout bascula, tout changea...

Les premiers changements apparurent subitement lors de l'annonce officielle de plusieurs départs consécutifs de personnes ayant un rôle stratégique dans l'organisation. Cela entraîna une grande déstabilisation au sein de l'organisation tant d'un point de vue humain (ressources et affects) qu'en ce qui concerne les processus internes. Les impacts de ces changements se firent sentir très rapidement à tous les niveaux de l'entreprise, ajoutant une pression plus forte en termes d'efficacité, de qualité et de chiffre d'affaires à générer pour compenser les départs. La stratégie proposée à l'époque fut une réorganisation des ressources et des responsabilités plutôt que des recrutements. Une personne fut désignée et dédiée à cette réorganisation interne.

Ma première observation après l'annonce des départs – qui s'étalèrent sur plusieurs semaines – fut l'impact des chocs, puisqu'il y en eut plusieurs. Ces chocs à caractère émotionnel donnèrent lieu à des réactions très vives (colère, revendications, critiques exacerbées, voire crises de nerfs) ou à un sentiment d'anéantissement pour certains. Le premier impact immédiat dans ce type de situation est les conséquences directes sur les dossiers en cours et le niveau de service à la clientèle à maintenir dans ce contexte. Le deuxième touche l'équipe. Il faut accompagner et gérer l'ensemble des réactions émotionnelles et leurs répercussions sur le climat général ainsi que sur la qualité du travail, l'assiduité, l'engagement, la motivation, pour essayer de maintenir un minimum de mobilisation à l'interne.

Et voilà les grands mots (maux...) : on peut réellement parler d'une gestion de crise. L'organisation est en crise, les hommes et les femmes qui y travaillent aussi, quel que soit leur niveau d'engagement, chacun à leur manière, avec des réactions très personnelles. Jamais la gestion ne me parut aussi compliquée ! Gérer n'est pas une mission facile dans les organisations en temps normal, et j'en suis de plus en plus convaincue alors que je forme des cadres dans ce domaine aujourd'hui. Mais cette fois, cela dépassait mon imagination ! Je me sentais projetée dans une quatrième dimension...

Je découvris à ce moment-là des facettes de l'être humain jusqu'alors inconnues. Je ne pouvais imaginer, avant de l'avoir vécu, à quel point un individu peut se révéler sous un jour si nouveau et inattendu lors d'une crise. Je compris que toutes ces réactions trouvaient leur fondement dans la peur, dans l'insécurité générée ainsi que dans le stress de l'adaptation inhérent à la nouveauté.

Le nouveau contexte prit forme en un mois tout au plus, et il fut difficile de maintenir une forme d'équilibre et de concentration. Ayant un rôle d'interface entre les clients et les collaborateurs (externes et internes), pour moi la situation fut très délicate à gérer. Malgré de vains efforts pour essayer de maintenir une certaine motivation et une cohésion entre les individus, l'équipe finit par se scinder en plusieurs bastions : les résistants, les moralisateurs, les anarchistes et les nouvelles recrues. Ces différents groupes – que je nomme de manière très personnelle – prirent tranquillement place ainsi que les états d'esprit correspondants.

À chacune de nos réunions ou lors d'entretiens individuels, énormément d'émotions et de réactions se manifestaient. Je me rendis compte à ce moment-là qu'il fallait allier la compréhension empathique et la remotivation, ainsi que l'autorité et la concentration ou la mise en exigence. Pour un gestionnaire, une telle situation est périlleuse et très lourde à porter, car il faut à la fois être en mesure d'allier des compétences paradoxales et de se fier à son flair ou à son intelligence émotionnelle pour agir le plus judicieusement possible en fonction du collaborateur, de son état d'esprit du moment et de ses moyens (au sens psychologique). Je fis alors l'expérience du sur mesure, chaque jour, voire chaque heure.

La direction prit finalement l'initiative de nommer un consultant externe pour nous aider et pour repenser l'organisation autrement. La suspicion fit son apparition et vint s'ajouter au climat déjà pesant. Que venait-il faire? Allait-il faire le ménage (au sens de licencier)? À la suite de son diagnostic interne et de ses recommandations, d'autres départs furent annoncés (certains voulus, d'autres subis). L'équipe vécut alors une deuxième vague de déstabilisation sur le plan humain ainsi que dans l'organisation même des tâches, des rôles et des responsabilités de chacun.

Puis, quelques mois plus tard, nous apprenions que le dirigeant venait de vendre l'entreprise à un repreneur. Une nouvelle tête arrivait à la direction et nous devions encore une fois nous adapter à ce changement, à un style de gestion différent, à de nouvelles orientations stratégiques et procédures, à une nouvelle ambiance, à de nouveaux objectifs à atteindre et à bien d'autres conséquences. La structure était alors à bout de souffle. Et chacun d'entre nous aussi. Trois changements organisationnels en un an et environ vingt-cinq pour cent du personnel parti!

Gérer et travailler dans le déséquilibre sur une période aussi longue fut exténuant, insatisfaisant et éprouvant. J'ai beaucoup appris de cette expérience. Je réalisai très vite à quel point j'étais démunie, en particulier devant les réactions émotionnelles de mes collaborateurs, et combien c'était exigeant de faire face. Je constatai à quel point en tant que gestionnaire je ne me donnais pas le droit au doute. Je sentais que si je commençais à douter ou à craindre, mes collaborateurs le sentiraient et que je perdrais ma crédibilité. À tort!

L'ambiance se détériora au fil des mois. Il devint impossible de reprendre un mode de gestion ressemblant à celui des débuts, même avec une équipe reconstituée et remotivée. Les conséquences et les impacts furent importants. Tout d'abord, une rotation du personnel élevée, puis beaucoup d'inconfort au quotidien dans les relations humaines ainsi que dans la répartition de la charge de travail. Il fallait aussi convaincre et négocier à l'interne pour que les dossiers soient gérés et menés à terme dans les délais prévus et avec la qualité attendue. Les ressources disponibles et motivées se faisaient rares. Des jeux de pouvoir régnaient pour tenter de le prendre, dans un climat fragilisé. Une grande souffrance psychologique habitait alors l'organisation.

Mon dernier souvenir de cette expérience est la solitude et l'impuissance du gestionnaire. L'absence d'accompagnement est sans aucun doute le pire des scénarios dans une situation de multiples changements comme celle-ci. J'ai eu recours à un coach pour m'aider à prendre du recul, à analyser ce qui se jouait d'un point de vue humain et psychologique, et à mieux évaluer mon action dans l'organisation.

La perte et l'absence prolongée de repères, le manque de communication, l'incertitude et la présence de nouvelles personnes aux rôles peu définis ont plongé cette structure dans une vulnérabilité aiguë sur tous les plans. Je sais depuis qu'elle a pris un nouveau départ, avec une nouvelle équipe.

Cela vous évoque-t-il des souvenirs? Il s'agit d'une réalité avec laquelle nous devons composer.

Quelques idées clés

- Il est essentiel que vous preniez conscience de votre quête personnelle profonde. Quels sont aujourd'hui vos aspirations, vos rêves enfouis ou vos souhaits?

- Vous avez le pouvoir de choisir votre vie et son orientation, d'entreprendre, de faire des choix et d'oser changer pour un mieux-être.

- Qu'avez-vous envie de changer dans votre vie? Pourquoi?

- Que vous inspirent les changements vécus à ce jour?

● ● ●

La multiplicité des changements fait partie intégrante de notre réalité actuelle et du monde dans lequel nous vivons. Difficile d'y échapper ou de s'en extraire. Alors, comment nous préparer à ces changements voulus ou subis, les appréhender et les vivre pour se donner tous les moyens de les réussir (au sens de dépasser les obstacles et de les transformer), et ainsi tirer profit de ces expériences pour évoluer?

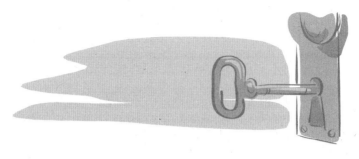

CHAPITRE 3

Comment préparer, appréhender et bien vivre nos changements?

Une fois que les changements sont là, que la situation fait partie de notre réalité, que la décision est annoncée ou prise, comment les appréhender, les préparer et les vivre le mieux possible? Nous distinguerons ici les différentes étapes, les balises de notre parcours ainsi que les quelques phases temporelles.

La mise en œuvre et la réalisation de ces changements vont dépendre du rythme de chacun d'entre nous. Le facteur temps est variable: tout dépendra du type de changement, de son impact sur nous et aussi du nombre de changements à gérer en parallèle.

Pour se donner l'énergie et l'enthousiasme nécessaires, il est important pour chacun d'entre nous de cerner ce qui nous anime, ce qui nous inspire dans ce que nous allons vivre.

Quel sens ont nos changements?

Quel sens donner à nos vies? Quelles aspirations exprimer? Quel projet avons-nous à cœur de créer, de voir se réaliser? Le sens est une question très personnelle, et nous en avons tous une représentation différente. Idéalement, nous pourrions imaginer que tous nos choix et toutes nos actions dans la vie ont un sens particulier rattaché à un sens plus global que nous pourrions leur donner.

Par exemple, avez-vous déjà lu dans la presse des témoignages de personnes qui, à un moment dans leur vie, ont décidé de changer de cap de manière parfois inattendue et assez radicale? Ces gens ont choisi, disons, de passer d'une activité professionnelle dans la vente ou l'immobilier au désir de vivre de leur passion et de devenir chanteurs, ébénistes ou comédiens, ou encore de reconstruire leur vie de zéro pour assumer leur passion et ce qui les anime au fond afin de donner un vrai sens à leur vie. Ces choix en ont impliqué d'autres, comme vivre avec moins de moyens financiers, à la campagne, sans revenu régulier, etc. Chacun de ces choix a finalement un sens propre en lien étroit avec le sens global de ce changement majeur dans leur existence.

Il est difficile de résumer cette question d'ordre existentiel en une phrase: «Le sens pour moi, c'est...» Le sens est multidimensionnel, il inclut de nombreux choix pour être en cohérence et souvent dans plusieurs domaines de nos vies: familial, personnel, professionnel, etc.

Connaissez-vous l'histoire des cailloux, fréquemment présentée lors de séminaires en gestion? Celle-ci nous invite à redéfinir nos priorités. Quels sont les gros cailloux de ma vie? Quels sont mes bases fondamentales? Quelles sont mes vraies priorités par rapport à celles qui sont importantes pour assurer mon confort, me rassurer dans ma vie sociale, par exemple? Ce que nous pourrions qualifier d'essentiel pourrait être l'amour, la santé, les enfants, vivre une passion professionnelle ou artistique, etc. Quant à ce qui est important, il pourrait s'agir de notre travail, de nos revenus, de vivre dans un quartier donné, d'avoir une maison, un chalet, etc.

Nous avons tous une perception différente de ce qui est essentiel et important pour nous. Cela dépend de nos repères sociaux, éducatifs et familiaux, pour les principaux. Qu'ai-je envie de faire de ma vie et pourquoi? Trouver le sens de nos changements, des situations qui nous arrivent, est un facteur déterminant. C'est déjà en soi l'amorce d'un changement que d'être en mesure d'y répondre, car notre propre regard évolue. Cela peut nous permettre de comprendre pourquoi nous le faisons, à quoi cela sert et d'accepter plus facilement les contraintes liées à ces changements.

Cette question du sens est basée sur nos valeurs profondes, sur les interactions que nous avons pu avoir dans notre vie avec des personnes marquantes, qu'elles aient été à l'école, au travail, ou encore dans notre vie sociale ou personnelle. Nous avons intégré en nous, consciemment ou non, des perceptions de ce que pourrait être le bonheur ou le but à atteindre. Est née alors une vision plus claire du cap à suivre. Et pour atteindre ce cap, un ou plusieurs projets ont vu le jour. Un principal avec ses sous-projets, les fameuses balises dont je parlais précédemment et qui permettent d'avancer pas à pas dans la perspective de l'objectif final et en cohérence avec notre personnalité et nos aspirations profondes. Des années peuvent être nécessaires, c'est parfois même l'œuvre d'une vie d'apercevoir ce cap. Des années aussi pour lui donner une réalité accessible, car poursuivre un rêve sans l'avoir préparé et le transposer trop rapidement pourrait être périlleux...

Quel sens donner à nos vies ? Pour essayer de ressentir cette notion de sens, pourquoi ne pas vous imaginer en *skipper* d'un beau voilier, par exemple.

- Pourquoi faites-vous cette expérience ?
- Qu'en attendez-vous ?
- Quelle représentation avez-vous de ce voyage ?
- L'avez-vous rêvé, imaginé ?
- Quelle destination avez-vous choisie et pourquoi ?
- Qu'est-ce qui vous intéresse dans ce choix ? Pourquoi celui-ci plutôt qu'un autre ?
- Qu'allez-vous faire pour y parvenir ?
- Quelle route allez-vous prendre ?
- Comment allez-vous arriver au bout de l'aventure et vous rendre à bon port ?
- Comment allez-vous vivre cette expérience et passer au travers des tempêtes et des marées ?
- Comment allez-vous savourer cet instant privilégié, être aux commandes de votre vie, de votre bateau et vous diriger, malgré les aléas, en fonction du cap défini ?

La question du sens nous invite à prendre un certain recul pour pouvoir distinguer plus nettement ce dernier dans nos vies. Comment prendre ce temps de réflexion ? Comment nous extraire quelques heures, quelques jours de notre quotidien absorbant pour retrouver une respiration nouvelle et découvrir nos aspirations personnelles ? Comme la réalité ne facilite pas toujours cette possibilité, nous avons tous vite fait de remettre cela à plus tard : «Je verrai demain... ou l'année prochaine... lorsque j'aurai du temps...» Aurons-nous plus de temps à ce moment-là ? Ou est-ce une façon de fuir cette rencontre avec nous-mêmes ?

Ce temps de réflexion peut être trouvé dans des marches dans la nature, ou encore lors d'un voyage dont la destination favorise ce genre d'activité. Il faut si possible que ce soit hors de notre cadre habituel afin de nous mettre en retrait et d'observer notre vie, son évolution, son rythme, sa direction. Devenir observateurs plutôt qu'acteurs pendant quelques heures. Le nombre croissant de retraites dans des abbayes ou des monastères s'explique par ce besoin de plus en plus présent de s'extraire d'une vie agitée, stressante, parfois oppressante, afin de se ressourcer et de faire le point.

Pourquoi ne pas imaginer de faire un séjour dans le désert, par exemple? Cela pourrait être un beau cadeau de rencontre avec nous-mêmes. Être au milieu du désert, c'est comme entrer dans une bulle, entrer à l'intérieur de soi et se (re)connecter à son intériorité. «C'est imprégnée de ce silence que pour la première fois j'entendais mon cœur. Le désert est un lieu de méditation, de fascination et de splendeur. J'ai le sentiment d'y avoir laissé une empreinte... Mon âme.» (Extrait du texte *Le désert, une aventure intérieure*) Le désert offre une occasion rare. De par son environnement aride, parfois hostile et spartiate, il peut nous fait vivre jour après jour un retour à l'essentiel. Seuls les besoins de base, comme manger et dormir, peuvent être assouvis. Cela permet de faire un tri dans tous les autres besoins que nous nous créons tous chaque jour et qui nous rendent petit à petit esclaves. C'est une chance unique de pouvoir s'interroger sur ce dont nous avons réellement besoin pour vivre et être heureux.

Toucher du doigt le sens en retrouvant l'essentiel de notre vie.

Se préparer : les étapes préchangements

Comment vous préparer aux changements de votre vie? Comment appréhender les différentes étapes qui se succèdent dans une période d'annonce ou d'amorce de changement? Comment gérer les différentes phases à partir du moment où le changement se réalise, se met en œuvre, et que le retour en arrière n'est plus possible?

Dans les différents changements vécus, on peut distinguer six étapes. Toutes ne sont pas approfondies et vécues de la même façon, car elles dépendent des enjeux et des acteurs liés à chaque changement.

Étape I : La maturation

Réfléchir, choisir, vous informer, vous questionner. C'est tout ce qui, petit à petit, va vous amener à décider de poursuivre la même route ou de changer. Cette étape salutaire est indispensable. Elle prépare la raison d'être de la suite ainsi que l'énergie, la motivation et la mobilisation de vos ressources pour pouvoir ensuite assumer vos changements.

Elle se vit en partie seul, en prenant du recul par rapport au monde, à la vie de tous les jours, avec parfois les conseils et les opinions de certaines personnes de notre entourage. Il est d'ailleurs important de ne pas être jugés par ces gens : cela pourrait mettre un terme au processus fertile qui est en route. Ne laissez personne détruire vos rêves, vos aspirations et vos moteurs dans la vie. Choisissez d'aller vers ceux qui vous aiment et qui croient en vous.

À partir de ce moment-là, certaines questions vont vous interpeller :

- Pourquoi changer ? Je jouis d'un certain confort dans la vie, pourquoi le remettre en cause ?
- Ce changement est-il voulu ou subi ? Quelle est la part de choix dans ce qui m'arrive ?
- Suis-je en pleine possession de mon avenir ? Que pourrais-je faire pour l'être, même si ce changement n'était pas voulu au départ ?

Ces questions vous permettront de vous approprier pleinement votre changement plutôt que de le subir. N'avez-vous pas le choix ? N'avons-nous pas tous toujours le choix, l'envie, la motivation ou l'énergie nécessaire pour nous mettre dans cette perspective ?

- Quelles sont les différentes hypothèses et solutions possibles ?
- Quel impact ce changement aura-t-il sur moi ?
- Comment rester motivé ?
- Comment gérer mes troubles physiologiques (anxiété, stress, insomnies, tensions, etc.) ?
- Comment retrouver une assise dans cette situation qui me bouleverse, me remue, me déstabilise ?
- Que puis-je faire pour prendre soin de mon équilibre ?
- Où en suis-je ? Ai-je des projets dans mes tiroirs ? Ne serait-ce pas le moment de les regarder de plus près ?

▲ ▲

Attitudes ++

Vous pouvez choisir simplement de vous questionner
avec bienveillance et clairvoyance.

▼ ▼

Étape II : Et notre regard ?

- Quel regard portons-nous sur les changements passés, présents et à venir de notre vie ?
- Sont-ils porteurs de menaces ou de bonnes occasions ?
- Quel est notre état d'esprit actuel, notre niveau d'énergie, notre ressenti dans cette situation voulue ou non ?
- Pouvons-nous gérer seuls cette situation de prise de décision et de mise en œuvre ?
- Quelles sont nos limites ? Comment nous les fixer ?
- Devrions-nous nous faire accompagner, coacher ?
- Comment percevons-nous les avantages et les bénéfices de ces changements ?

Alors que les deux premières étapes soulèvent une réflexion plus personnelle et qu'elles sont, en définitive, davantage rationnelles, les deux étapes suivantes sont quant à elles plus émotionnelles.

▲▲▲▲▲▲▲▲▲▲▲▲▲▲▲▲▲▲▲▲▲▲▲▲

Attitudes ++

Portez un regard juste et sincère.

▼▼▼▼▼▼▼▼▼▼▼▼▼▼▼▼▼▼▼▼▼▼▼▼

Étape III : Laisser aller ses émotions

Avez-vous déjà eu ce réflexe de contenir vos émotions, de les garder en vous pour avoir au moins l'impression de les contrôler à défaut de maîtriser le reste ? Vos émotions ont besoin d'un territoire d'expression. Vous pouvez essayer de vous convaincre du contraire, mais elles ne sauraient faire autrement que de s'exprimer tôt ou tard. Si elles ne sortent pas, elles resteront refoulées dans un espace de votre être. Elles pourraient d'ailleurs se manifester dans une tout autre situation et de manière complètement démesurée.

Vous êtes vivant, et tant mieux ! Oui, nous sommes tous faits de raison et d'émotions. Cette perception fut longtemps ignorée ou minimisée. L'éducation (familiale, scolaire ou religieuse) que nous avons tous reçue facilite ou, au contraire, inhibe cette facette de nous. Pour certains, se reconnecter à leurs émotions est un apprentissage à part entière.

Dans une situation de changement, vos émotions se bousculent et se succèdent : la peur, l'angoisse, la colère, la tristesse et la joie. Les laisser s'exprimer est un premier pas vers l'acceptation. Acceptez d'être déstabilisé et bouleversé par ce que vos changements vont occasionner en vous et dans votre vie.

▲ ▲

Attitudes ++

- Laissez les émotions s'exprimer.
- Accueillez et acceptez ce qui se passe dans le moment présent.

▼ ▼

Étape IV : Laisser aller son imagination

Surprenez-vous à rêver ! Osez imaginer l'inimaginable ! Visualisez votre futur, l'expérience de la visualisation permet d'entrouvrir de nouvelles portes, d'apprivoiser l'avenir. Appropriez-vous-le et soyez de plus en plus proche de cette réalité.

Cela peut se faire de plusieurs manières différentes. Ayez recours, par exemple, à des ateliers de sophrologie, de qi gong ou à d'autres pratiques relaxantes qui favorisent la visualisation. Vous pouvez également pratiquer le rêve éveillé (plusieurs ouvrages traitent de ce sujet). Plus simplement (mais il faut prendre le temps de le faire), étendez-vous dans un champ au printemps, promenez-vous au bord d'un lac, puis pensez à votre futur le soir avant de vous endormir et laissez vos rêves se l'approprier.

▲ ▲

Attitudes ++

Osez rêver ! Car vos pensées sont déjà en train
de faire les premiers pas vers l'action.

▼ ▼

Étape V : Se préparer

Comme vous pouvez le constater dans la progression, les étapes sont de plus en plus concrètes, pragmatiques et « matérialisables ». Il y a un temps pour tout, et toutes les étapes sont nécessaires ; d'ailleurs, vous les faites déjà certainement de manière intuitive.

La préparation psychologique, une étape cruciale

Croyez-vous qu'un sportif de haut niveau ne se prépare pas psychologiquement avant la compétition ? Sinon, comment ferait-il face à la pression, au stress, à la tension? Et comment pourrait-il être aussi concentré sur son objectif: gagner une coupe du monde, par exemple?

Cette démarche déjà très utilisée dans le domaine du sport peut tout à fait s'appliquer à la préparation de vos changements. Elle active plusieurs processus qui permettent de passer à travers les différentes émotions qui vous tiraillent, de gérer la conclusion d'un chapitre de votre vie pour en ouvrir un autre et aussi de vous distancier du regard des autres et de leur influence.

Le but de cette approche est que vous soyez à même de vous affirmer dans vos choix et de vous positionner dans votre vie. Elle va vous donner des outils pour apprendre à communiquer au bon niveau et au bon moment afin de garder le cap et d'assumer pleinement vos choix malgré certaines déstabilisations environnantes. Cette préparation, ainsi que le recul qu'elle implique, permet de prendre conscience que vous êtes plus que jamais acteur de votre vie et responsable de votre bonheur.

Elle va également vous laisser le temps de faire le point sur vos motivations profondes et devrait vous aider à détecter d'éventuels processus de fuite. Est-ce que vous changez pour fuir une situation insatisfaisante ou, au contraire, dans l'ouverture et la disponibilité pour accueillir quelque chose d'autre? La réponse ici n'est pas aussi évidente qu'elle peut paraître. Vous pouvez demander à des tierces personnes leur opinion vous concernant et leur ressenti par rapport à vos choix, car il est toujours plus facile de percevoir chez les autres qu'en soi-même.

Concrètement, vous pouvez faire cette phase préparatoire seul avec l'appui de lectures, en particulier si vous possédez déjà certaines ressources personnelles (techniques, outils) pour gérer vos deuils et le processus de détachement, ou choisir de vous faire accompagner par un professionnel qualifié: coach ou thérapeute. La mise en œuvre de votre chemin vers l'autonomie va vous demander du temps, mais par chance vous y êtes déjà!

Ce chemin n'entrave pas pour autant les prises de décision que vous aurez à faire lors de certains changements. Au contraire, ces derniers peuvent se révéler salutaires pour votre chemin d'autonomie. Par contre, les changements d'ordre identitaire nécessitent un accompagnement par des professionnels qualifiés et compétents. Faire le choix d'un accompagnement peut vous être bénéfique aussi dans le cas de changements subis et qui ont un lourd impact (des blessures profondes ou archaïques, par exemple) afin de gérer la souffrance liée aux remises en cause.

Avez-vous déjà observé la souffrance parfois aiguë de certaines personnes dans des situations de déstabilisation ? Certaines d'entre elles peuvent adopter des comportements de type pathologique. Si elles ne sont pas suivies et encadrées, ces comportements peuvent devenir nuisibles à elles-mêmes et à l'entourage. Vous avez sans doute connu des gens en couple qui n'ont pas su dépasser certaines crises ensemble.

▲▲▲▲▲▲▲▲▲▲▲▲▲▲▲▲▲▲▲▲▲▲▲▲▲▲▲▲

Attitudes ++

Cette étape est une donnée clé dans la réussite de vos changements.
Elle prépare la fertilité de votre futur terrain.

▼▼▼▼▼▼▼▼▼▼▼▼▼▼▼▼▼▼▼▼▼▼▼▼▼▼▼▼

La préparation pratique des projets

Il s'agit d'une étape importante de repérage et de préparation du terrain. De manière très concrète, vous allez concevoir votre plan d'action personnalisé par rapport aux changements en cours ou à venir. Il sera crucial de bien définir votre ou vos objectifs ainsi que votre projet en lui-même afin de déterminer l'évolution que vous souhaitez, les différentes étapes que vous vous fixez, la gestion de votre temps en fonction de vos aptitudes et de vos moyens. Faites de petits morceaux digestes. Mieux vaut vous donner le temps et les moyens d'y arriver que de vous précipiter en prenant des risques trop élevés ou démesurés. Par exemple, on peut planifier un changement de maison à moyen terme plutôt que de céder au coup de cœur qui va nous limiter dans nos choix de vie future.

Un projet de changement est souvent ambitieux, on accepte une telle remise en cause pour obtenir quelque chose de plus grand pour soi. Néanmoins, il doit rester réaliste et atteignable. Il s'agit alors d'être en contact avec la réalité future et de rechercher des informations concrètes pour avoir des données tangibles et objectives. Créez soigneusement vos balises, comme celles que l'on trouve en mer, mettez-vous des repères, que l'on pourrait nommer les grands rendez-vous, les grandes étapes, qui permettront de jalonner votre parcours et de le segmenter en plusieurs moments de développement. Gardez un regard lucide et pragmatique. Il n'y a pas de projet idéal, tous comportent des avantages et des contraintes. Mettez-vous en situation, allez sur place, allez vous rendre compte par vous-même des implications et des difficultés, des avantages et des joies aussi.

▲▲▲▲▲▲▲▲▲▲▲▲▲▲▲▲▲▲▲▲▲▲▲▲

Attitudes ++

Donnez-vous les moyens de réussir plutôt que de mettre
en place (souvent inconsciemment) une situation vouée à l'échec
car trop exigeante. Autrement dit, appréhendez votre future
réalité afin de vous l'approprier.

▼▼▼▼▼▼▼▼▼▼▼▼▼▼▼▼▼▼▼▼▼▼▼▼

Étape VI : S'approprier les changements

Comment vous approprier les changements? En vous projetant, en les visualisant, en vous les représentant, en les ressentant afin que, petit à petit, vos projets fassent partie de vous. Pendant cette période, n'hésitez pas à rencontrer des personnes qui ont déjà vécu les mêmes changements ou qui sont sur le point de les connaître. Il est intéressant de partager ses questions, ses craintes, ses solutions, ses idées et ses ressources.

▲▲▲▲▲▲▲▲▲▲▲▲▲▲▲▲▲▲▲▲▲▲▲▲

Attitudes ++

Rencontrer d'autres personnes et partager les expériences de
changement va rendre votre projet encore plus humain et plus
accessible : « S'ils l'ont fait, je sais que je peux le faire aussi ! »

▼▼▼▼▼▼▼▼▼▼▼▼▼▼▼▼▼▼▼▼▼▼▼▼

Les grandes phases temporelles

Ces grandes phases temporelles sont communes à l'ensemble des changements que nous opérons et peuvent être des repères précieux pour nous situer dans la progression. Faites l'expérience de transposer un changement vécu récemment sur cette échelle du temps. Ces repères ne sont pas les mêmes pour tous. C'est normal, chacun a un rythme, des contraintes et des ressources personnelles différents à un moment donné. L'important, c'est de reconnaître ces différentes phases et de savoir qu'il existe une progression, même si parfois, par choix ou par contrainte, nous stoppons le processus.

Il existe quatre principales phases à partir du moment où le changement est annoncé et mis en œuvre. Afin d'illustrer et de concrétiser le tout davantage, je vais les décrire à partir d'une expérience vécue lors d'un changement de vie, de pays, d'emploi, autrement dit l'ensemble des repères d'une vie. Cet exemple complet vous permettra de prendre les repères que vous souhaitez selon les changements qui vous concernent aujourd'hui.

0-1 mois	1-2 mois	3-4 mois	4 mois et plus
Phase I	Phase II	Phase III	Phase IV
Immersion	Intégration	Adaptation	Positionnement personnel et professionnel

Phase I : L'immersion

À partir du moment où les changements sont mis en œuvre dans le quotidien, il s'agit du début d'autre chose. Souvenez-vous de votre premier jour dans un nouvel emploi, une nouvelle entreprise, la première nuit passée dans un logement, le départ d'un lieu de vie, etc. En fait, à ce moment-là, le rêve prend sa forme et devient concret. Il est alors possible de matérialiser et de concrétiser vos désirs, et de vérifier si vos aspirations correspondent à la réalité. Les premières heures, les tout premiers jours ont un impact tant émotionnel qu'intellectuel et social. Celui-ci est encore plus présent lorsque plusieurs repères de vie changent en même temps.

Cette phase peut donner lieu à une période de décompression de quelques jours et se manifeste par un contrecoup émotionnel, une fatigue physique et la sensation d'être bousculé, « saoulé » (au sens de bouleversé) par cette immersion. En même temps, il est possible de ressentir une certaine euphorie et, surtout, un profond soulagement, celui d'avoir fait le pas ! Les sensations et les émotions sont donc paradoxales. Ce n'est pas désagréable, mais une telle intensité est rarement vécue et nous met dans un état différent. Puis, tout naturellement, vient le moment tant attendu de la découverte, de l'exploration et de la conquête.

Quelle période intense et riche que celle de la prise de contact avec son nouvel environnement ! Jour après jour, vous vous familiarisez, vous observez et prenez vos marques, c'est-à-dire que, petit à petit, vous vous appropriez vos repères, entre autres les bases du quotidien et de l'orientation. Dans cette phase, beaucoup d'actions et de choix sont très intuitifs. Sa caractéristique majeure est que le ressenti prédomine, tous les sens sont en éveil pour accueillir les nouvelles sensations et émotions suscitées. L'idéal est d'avoir à ce moment-là un état d'esprit suffisamment ouvert à ses sens pour rencontrer, communiquer et se laisser surprendre. Cette phase est exaltante! Le rêve devient chaque jour davantage réalité: il est là, dans votre vie, face à vous.

Attitudes ++

Soyez autonome et faites-vous confiance pour accepter
l'orientation parfois intuitive de vos choix.

Phase II: L'intégration

La durée de cette phase est variable. Elle dépend notamment de la préparation initiale et de l'investissement que l'on souhaite faire sur les champs relationnel et social. Comment la faciliter? En découvrant, entre autres, des groupes, des réseaux, des associations qui vous aideront très rapidement à lier des contacts sur la base d'intérêts communs. Il peut s'agir aussi de formations professionnelles, de conférences, d'activités de réseautage diverses: cinq-à-sept, vin et fromages, etc. L'idée est de créer des liens sociaux, mais aussi de bénéficier des expériences de chacun. Les bons conseils des uns et des autres font gagner du temps et évitent de vivre des situations difficiles qui risqueraient de vous décourager.

Ces démarches permettent également de se faire connaître et de se sentir appartenir à un ou plusieurs groupes auxquels on peut s'identifier. Au cours de cette période, il faut à la fois être en mesure de se concentrer, de mémoriser et d'intégrer beaucoup d'informations afin de percevoir où pourrait être notre place dans ce nouvel environnement.

Attitudes ++

- Vous devez satisfaire votre besoin humain d'appartenance.
- Observez, comprenez et apprenez.

Phase III : L'adaptation

Cette phase comporte en alternance des périodes orientées vers les actions puis vers la réflexion afin d'être en mesure d'observer et de s'ajuster en permanence.

Les actions

Les actions pourraient se définir ainsi :

- agir et être au cœur de ;
- interagir ;
- faire ses preuves ;
- valider et conforter ses ressentis, ses perceptions et ses projets.

Pendant cette phase, on conjugue, en parallèle ou de manière successive, les actions à mener pour comprendre et construire la réflexion de fond par rapport au cap visé. On doit rester concentré sur son objectif et, en même temps, agir en laissant une souplesse, une marge de manœuvre suffisante pour se laisser surprendre. Dans l'action et l'interaction, beaucoup de surprises, de rencontres significatives peuvent se présenter sans qu'elles aient été planifiées au préalable.

Pendant cette période de rencontres, d'échanges, de découvertes, vous prenez chaque jour davantage la mesure de ce qui vous entoure. Cela vous offre de nouveaux repères et la possibilité de positionner votre curseur en fonction de vos compétences, de votre aptitude personnelle à vous adapter, de vos points faibles ou à améliorer (faire une formation, parler anglais, atteindre le niveau de performance demandé, etc.) et des attentes propres à votre environnement.

Par exemple, vous commencez un nouvel emploi et vous vous rendez compte, au bout de trois mois, que vos connaissances ne sont pas suffisantes par rapport aux attentes de l'entreprise ou de l'équipe avec laquelle vous travaillez. Il est temps de faire ce constat et d'envisager une solution qui puisse vous permettre de compenser ce fait qui n'était pas perceptible lors des différents entretiens de recrutement. L'équipe s'avère plus spécialisée ou pointue que prévu.

C'est le moment de reconnaître vos propres limites (réflexion) et d'accepter d'être accompagné, formé, coaché, ou encore de signaler cette situation à vos supérieurs (action). Ce constat est délicat à faire, mais le taire pourrait avoir des conséquences encore plus préjudiciables. D'où la nécessité de prendre du recul (réflexion) pour mesurer les écarts et vous comparer à des collègues récemment recrutés afin de pouvoir vous situer et vous ajuster au besoin. Vous serez plus à l'aise, mais également vous vous placerez en situation de réussite, et non d'échec potentiel.

Cette période est extraordinairement riche en apprentissages de toutes sortes, en découvertes à la fois humaines, culturelles et professionnelles. Tous les champs de votre vie sont concernés. Vous vous confronterez aux premières impressions, aux premiers obstacles et aux premières réussites par la pratique et l'expérience. Puis, suivra tout naturellement le temps de la validation, des premières rétroactions sur vos compétences, mais aussi sur votre comportement, votre attitude et votre personnalité. Celles-ci sont essentielles, car elles sont les tout premiers repères, ceux à partir desquels vous pourrez échafauder une stratégie d'adaptation constructive.

Le plus important, c'est de ne pas vous décourager si vous n'atteignez pas les résultats visés, car il se peut que ceux que vous vous étiez initialement fixés ne prenaient pas nécessairement en compte le contexte global et les impacts directs ou indirects que les changements soulèvent. Autrement dit, plus votre changement aura de conséquences et vous impliquera, plus il remettra en cause de nombreux champs et facteurs, et plus il sera difficile de faire une autoévaluation au départ, car certains facteurs qui interfèrent se découvrent «sur le tas», sauf si vous êtes un virtuose des changements multiples de par vos expériences. Finalement, l'essentiel n'est-il pas d'agir, d'oser et d'essayer?

En agissant, vous allez montrer à vous-même et aux autres qui vous êtes réellement et, plus tard, ce que vous valez. À cette étape, vous jouez votre crédibilité, votre confiance en vous et celle que les autres peuvent vous accorder. Les obstacles et les imprévus sont présents, l'endurance est de mise. Alors, ancrez-vous!

La crédibilité ne provient pas nécessairement et seulement de votre possible performance, mais aussi de cette attitude à reconnaître les difficultés affrontées et les impacts mésestimés. Votre motivation et votre capacité de vous remettre en cause devraient être vivement appréciées. Nul n'est parfait. Encore faut-il savoir le reconnaître sans fausse modestie, bien sûr, mais humblement.

▲▲▲▲▲▲▲▲▲▲▲▲▲▲▲▲▲▲▲▲▲▲▲▲▲▲

Attitudes ++

- Agissez pour amorcer la construction, mais aussi pour cerner et analyser votre nouvel environnement.
- Prouvez-vous de quoi vous êtes capable et découvrez les ressources dont vous disposez.
- Tentez de satisfaire votre besoin humain et vital de reconnaissance.

▼▼▼▼▼▼▼▼▼▼▼▼▼▼▼▼▼▼▼▼▼▼▼▼▼▼

La réflexion

Comme vous l'avez constaté, les périodes de réflexion et de recul sont extrêmement fructueuses. Parfois, l'urgence de l'intégration peut nous conduire à les négliger ou à la reporter à plus tard. Erreur ! Pouvoir vous ajuster en temps réel est une force incroyable, car vous devrez faire face à une certaine insécurité, à des exigences de différentes natures et à du stress.

Cette phase, grâce au recul, peut aussi vous aider à être plus détaché et à ne pas prendre de plein fouet l'impact des différents stress ou des imprévus qui pourraient vous déstabiliser. Cela vous permettra aussi de regarder certaines situations ou comportements autrement et selon différentes perspectives. En considérant le contexte de manière plus globale, vous pourrez relativiser. De plus, ces petits bilans réguliers vous donneront la possibilité de mesurer votre progression, de regarder autour de vous à 360° afin d'évaluer votre passé, le chemin parcouru, votre présent avec les enjeux et les priorités du moment ainsi que votre futur et ses grandes orientations.

Ceux qui sont plus visuels peuvent tenter l'expérience d'écrire ces bilans sous forme de tableau ou, de manière plus créative, de les dessiner. En prenant une feuille de papier, représentez sous la forme que vous voulez chaque domaine important de votre vie : personnel (avec l'ensemble de vos activités extraprofessionnelles), professionnel, social et familial. Complétez le travail en notant ce que vous désirez pour chacun d'entre eux sur une période mensuelle, par exemple, ou trimestrielle. Ainsi, vous fixez vos propres repères d'évolution et vous mesurez votre avancée d'une fois à l'autre. Selon les périodes et les enjeux du moment, la fréquence de cet exercice peut varier à votre convenance : une ou deux fois par année, tous les trois mois, etc.

Conservez ces documents dans un cahier, comme souvenir des périodes importantes de votre vie. Un coffret est un réel cadeau, car vous n'oublierez jamais votre chemin et les obstacles que vous aurez su dépasser. Vous devenez acteur de votre vie, mais aussi observateur de votre évolution.

▲▲▲▲▲▲▲▲▲▲▲▲▲▲▲▲▲▲▲▲▲▲▲▲▲▲

Attitudes ++

- Trouvez votre propre représentation des différentes étapes d'évolution (en transposant celle-ci dans vos changements) et d'évaluation de votre progression (au sens large, qu'il s'agisse de projets ou des grands domaines de votre vie) en les déclinant.
- Réajustez votre plan de développement en fonction de votre cap ; regardez loin, pointez l'horizon.

▼▼▼▼▼▼▼▼▼▼▼▼▼▼▼▼▼▼▼▼▼▼▼▼▼▼

Phase IV : Le positionnement personnel et professionnel

Vous positionner n'est pas si simple et implique un recul, une certaine lucidité et de la clarté, mais cela deviendra naturel à partir du moment où vous aurez, au cours des phases précédentes, observé, cerné et compris le nouvel environnement et les différents acteurs concernés (employeurs, organisations, etc.). Vous pourrez alors tenir compte de l'ensemble de ces données culturelles, des référentiels professionnels (par exemple, les titres exacts des fonctions, la terminologie liée au métier, etc.) dans vos choix futurs et choisir votre place en fonction des données recueillies.

Certaines de vos questions pourraient être les suivantes :

- Quels sont les lieux, les personnes, le travail et l'environnement qui font que vous vous sentez suffisamment en adéquation pour investir de votre temps et de vos capacités afin de construire dans la durée et avec confiance ?
- Qui êtes-vous dans ce nouveau contexte (en tant que professionnel, mais aussi à titre personnel) ?
- Où est votre place ?
- Comment le faire savoir ?

Plus tôt vous aurez les réponses à ces interrogations, plus vite vos interlocuteurs, ceux que vous rencontrerez chaque jour, comprendront ce que vous voulez afin de vous orienter, de vous aider et, éventuellement, de vous soutenir. La communication sur le fond et la forme sera à nouveau primordiale.

Parfois, selon le contexte, vous ne disposerez que de quelques minutes (20 tout au plus) pour vous présenter (personnalité, parcours, réalisations et projet professionnel) et, surtout, pour capter l'attention de vos interlocuteurs. Cet exemple est valable dans le cadre d'un changement d'emploi (poste, entreprise, fonction d'encadrement), de lieu de vie ou de partenaire de vie. Après vous être positionné, vient le temps de communiquer cette information clairement, efficacement et en créant un impact. Quant au fond, c'est-à-dire les messages clés à transmettre, il faut le préparer avant toutes vos rencontres et le personnaliser. Autrement dit, privilégiez le sur-mesure.

Lors d'un changement de métier, par exemple, il se peut que vous ne sachiez pas vraiment comment présenter une partie de votre expérience passée qui n'a pas de réalité immédiate dans votre application du moment. Dans un cas comme celui-là, où ce n'est pas l'expérience et le nombre d'années qui sont représentatifs, privilégiez vos qualités relationnelles et humaines, et observez. Certaines qualités humaines valent tous les diplômes du monde! Jouez la carte de votre personnalité. Vous savez à quel point aujourd'hui ce capital intrinsèque est reconnu et apprécié des entreprises et des dirigeants.

Par exemple, vous êtes nommé directeur de filiale à l'étranger. C'est votre premier poste d'encadrement au sein d'une équipe multiculturelle. Vous allez vivre une phase d'immersion intense : observation, compréhension des modes de fonctionnement et de travail dans le pays, compréhension de la culture d'entreprise, etc. Imaginez que ce soit l'Inde ou la Chine! Vous devrez évaluer les attentes et les besoins des personnes, du marché et des clients.

Vous positionner impliquera une prise de risques. Et si vous n'aviez pas bien saisi? Et si vous étiez trop décalé dans votre style et vos pratiques de gestion? Et si vous vous surestimiez? En cherchant de la rétroaction auprès des interlocuteurs concernés, ici, par exemple, le vice-président à l'exploitation de l'Asie, vous pourrez vous ajuster très rapidement sans perdre de temps et sans multiplier les maladresses coûteuses.

À vous de mettre à profit l'ensemble de vos expériences passées, de vos compétences, même connexes, et de vos acquis! Le savoir-faire ainsi que toutes les expériences sont utiles dans une période de conquête et de nouveauté; il ne vous reste plus qu'à ouvrir vos tiroirs et à vous en servir.

Il faut être au bon niveau de communication, être en phase avec les attentes et les besoins de ses interlocuteurs et rester fidèle à ses projets, à sa personnalité et à ses aspirations. Se positionner et communiquer efficacement ne veut pas seulement dire parler de soi et dire qui l'on est, mais c'est aussi, et surtout, se situer à partir des autres, de ses interlocuteurs, de leurs différences et de leurs spécificités afin d'être en mesure de s'adapter et de rencontrer l'autre.

▲▲▲▲▲▲▲▲▲▲▲▲▲▲▲▲▲▲▲▲▲▲▲▲▲▲

Attitudes ++

- Définissez-vous de façon suffisamment précise pour communiquer clairement vos projets professionnels et personnels tout en restant vous-même.
- Positionnez-vous en vous adaptant à votre interlocuteur à partir de qui il est.

▼▼▼▼▼▼▼▼▼▼▼▼▼▼▼▼▼▼▼▼▼▼▼▼▼▼

Les étapes postchangements

Surtout, n'oubliez jamais de célébrer et de savourer vos réussites personnelles! Cette satisfaction, ce plaisir, cet enthousiasme nourrissent la poursuite du voyage, permettent de faire taire certaines peurs ancrées, de se donner un nouveau souffle pour perdurer et persévérer.

La ténacité et l'endurance sont mises à l'épreuve dans les changements. Il faut tenir et y croire toujours plus fort, toujours plus longtemps, même si la reconnaissance espérée n'arrive pas dès le début, dès le premier essai. Fêter et célébrer chaque réussite aussi minime soit-elle alimente, vivifie et donne l'élan nécessaire à la poursuite du rêve, du cap, de l'objectif final.

Imaginez à quel point l'endurance et le mental sont essentiels chez les marins qui partent, seuls, pour traverser les océans du globe. Comment s'y prennent-ils? Au-delà de leur passion, comment poursuivent-ils leur route les jours de tempête ou de mer déchaînée, ou encore quand le matériel est endommagé? Bien sûr, ils y croient plus que tout et doivent avoir des moments de satisfaction dont ils savent tirer profit pour compenser les moments difficiles, passés ou à venir.

Une fois les changements opérés, suivent les phases de bilan, puis de stabilisation et, enfin, de création.

Étape I : Le bilan

- Où en suis-je dans les différents domaines de ma vie ou par rapport à mes objectifs, à mon rêve ?
- Quelle analyse puis-je faire du chemin parcouru ?
- Quelles ont été mes réussites et les difficultés affrontées ?
- Quels sont mes axes de développement, de progrès, pour me réajuster et espérer performer ?
- Quels sont les bénéfices de cette expérience, de cet apprentissage, de cette rétroaction afin de m'enrichir à titre professionnel et personnel dans mes relations avec les autres ?

Étape II : La stabilisation

L'inconfort et l'instabilité générés par les changements dans nos vies nous incitent à un moment donné à rechercher à tout prix une zone de stabilité et de relative quiétude afin de reprendre notre souffle. Cette étape répond au besoin de poser ses valises.

L'équilibre n'est pas encore présent, mais on est en mesure de ne plus avoir à se soucier de trouver un logement ou des repères au quotidien dans son quartier, de connaître les règles et les procédures de fonctionnement de l'entreprise que l'on vient de rejoindre ou les rituels de son équipe de travail. Autant de repères installés qui apportent une certaine légèreté et libèrent l'esprit pour qu'on puisse se consacrer à d'autres préoccupations dont celle de continuer à faire ses preuves professionnellement. Avec le temps, ces repères apportent un confort nouveau et appréciable.

Étape III : La création

Être au rendez-vous d'un tel élan de vie, de renouveau et de liberté d'action incite et facilite la créativité. Les changements récents donnent d'autres envies, d'autres idées. Une dynamique s'est installée et elle est en marche. Cet élan est parfois alimenté par le fait d'avoir déjà pris des risques, alors pourquoi pas d'autres ? Après tout, j'en suis capable !

Réussir de multiples changements apporte tellement en termes d'aptitudes, de compétences et de connaissance de soi que cela révèle des parties de nous-mêmes insoupçonnées et ouvre ainsi de nombreuses portes en nous et autour de nous. Le risque n'est pas le même la première fois et la seconde. Encore faut-il avoir osé cette toute première fois pour y toucher, y goûter. Le calcul du risque, lui, est de plus en plus fiable, réaliste et permet ainsi d'oser plus facilement.

L'élan crée, et la création appelle la création... Une sorte de spirale, de cercle vertueux qui donne des ailes et libère profondément ce qui sommeillait en nous et qui ne demandait qu'à vivre. L'élan créateur qui est en chacun de nous est, comme le décrit Guy Corneau dans son livre *Le meilleur de soi*, un élan de vie, une partie vivante de nous-mêmes qui ose enfin s'exprimer et se faire entendre. Le moment est venu de vivre et de laisser s'exprimer ses aspirations au grand jour.

Attitudes ++ (pour toutes les étapes postchangements)

- Analysez les bénéfices et les satisfactions que vous retirez de vos expériences, de votre vécu et des rencontres que vous faites.
- Essayez d'avoir la vision la plus claire et la plus objective possible du chemin parcouru et des réussites qui y sont associées pour leur donner toute leur quintessence.

Quelques idées clés

- De quel(s) changement(s) significatif(s) vous souvenez-vous? Quelle vision en avez-vous aujourd'hui? Qu'en retenez-vous *a posteriori*?
- Gardez votre cap à l'esprit, contre vents et marées. Restez centré et concentré.
- Prenez conscience qu'il s'agit seulement d'étapes et qu'elles ont un sens plus large.

• • •

Après avoir évoqué les changements au sens large, nous allons aborder plus en profondeur leur multiplicité, qu'ils apparaissent simultanément ou de façon continue sur une courte période. Dans ce contexte, comment gérer cette multiplicité, voire cette complexité?

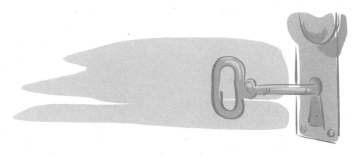

Une multitude de changements, une complexité à gérer

Lorsque vous vivez des changements, différentes sphères, différentes dimensions de votre vie subissent un impact dans cette dynamique. Afin d'expliciter comment ces changements entraînent aussi la gestion d'une multiplicité de choix, de décisions, de paramètres personnels et matériels, d'actions et d'actes concrets, je vous propose de résumer ces différentes dimensions plus ou moins perceptibles, plus ou moins conscientes sous la forme de trois savoirs auxquels nous faisons référence lorsque nous vivons des changements : le savoir au sens de connaissances, le savoir-faire et le savoir-être, dont le savoir émotionnel.

Comprendre les impacts des changements à travers ces différents savoirs vous permettra de prendre conscience de toutes les ressources que vous possédez et de toutes les richesses que vous développerez grâce aux changements dans votre vie au fur et à mesure de votre évolution, de vos orientations et des défis que vous vous fixerez.

Se familiariser avec l'approche multidimensionnelle

De multiples changements sous-entendent une approche multidimensionnelle dans laquelle il faut gérer des superpositions, par exemple les différents savoirs auxquels on a recours en même temps et sur des sujets souvent variés.

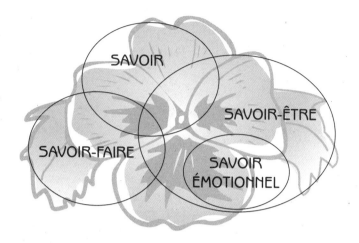

Ces savoirs sont nombreux. Certains vous sont connus, d'autres sont plus inconscients et se révèlent à vous lors de multiples changements. Certains de ces savoirs prédominent naturellement chez vous, savez-vous lesquels?

Le savoir (au sens de connaissances)

Le Petit Robert les définit ainsi: «Ensemble de connaissances plus ou moins systématisées, acquises par une activité mentale suivie.» Il s'agit donc d'un ensemble de connaissances, d'enseignements, d'acquis que l'on nomme aussi de culture, d'instruction et d'érudition que vous possédez et qui sont le fruit de votre implication et de vos intérêts pour certains sujets.

Choisir d'étudier est une manière de développer son savoir et ses connaissances ainsi que ses aptitudes de réflexion personnelle.

Le savoir-faire

«Ensemble de connaissances, expériences et techniques accumulées par une personne que l'on peut mettre à disposition d'autrui.» (*Le Petit Robert*) Cela implique des habiletés à faire réussir ce que l'on entreprend, à résoudre des problèmes pratiques. Cela vaut aussi pour les compétences et les expériences dans l'exercice d'une activité artistique ou intellectuelle.

Les retours d'expérience, les acquis opérationnels venant de l'entraînement sont précieux et transposables dans d'autres situations. Par exemple, l'expérience de la négociation vous sera utile pour l'achat d'une maison, d'une voiture, mais aussi pour obtenir de meilleures conditions bancaires ou optimiser votre rémunération en négociant votre salaire. Tous les individus ne possèdent pas ce savoir-faire.

Le savoir-être

Il n'est pas toujours aisé de définir le savoir-être, car il correspond plus à un état d'être, à un état d'esprit et à des comportements. Notre savoir-être se perçoit principalement dans l'interaction avec d'autres personnes par une façon de parler, de se mouvoir, de penser, d'apprécier, de réagir, de regarder la vie et les autres, de philosopher, etc.

Le savoir-être est ce qui se dégage d'une personne et l'impression qui nous en reste. Dans ce cas, aucun diplôme ne peut être décerné; il s'agit d'une récompense bien plus grande et plus honorifique, celle de la vie, de la maturité et d'une forme de sagesse. Le savoir-être prend toute sa dimension et sa raison d'être, en quelque sorte, lors d'échanges, d'interactions, de relations d'aide, dans la communication avec d'autres personnes. Il correspond à la capacité de gérer de façon adaptée des actions, des réactions et des interactions avec notre environnement humain immédiat.

Cette habileté s'acquiert en partie par la connaissance de savoirs spécifiques. Des recherches en éducation ont pour objectif de trouver tous les moyens pédagogiques permettant aux apprenants d'acquérir des comportements orientés vers la préservation de l'environnement, la gestion émotionnelle, la coopération, la gestion de conflits, la responsabilisation, en développant certaines qualités humaines, entre autres l'empathie, l'autonomie et l'affirmation de soi.

Le savoir-être comprend des *attitudes*, des *comportements* et des *habiletés de communication interpersonnelle* que l'on met en œuvre pour exprimer sa personnalité, ses aspirations lors d'un changement de métier, par exemple, ainsi que pour faciliter ses relations avec autrui. Des qualités sont nécessaires et reconnues pour faire preuve de savoir-être, dont les principales sont: l'authenticité, l'empathie, la bienveillance, le non-jugement, le respect de soi et des autres, la tolérance, la patience, l'intégrité, l'engagement, la congruence, c'est-à-dire faire preuve d'un lien cohérent entre ses pensées, ses dires et ses actes.

Cela peut sembler assez simple, voire évident. Sa mise en pratique au quotidien, dans toutes nos relations, qu'elles soient personnelles, professionnelles, amicales ou sociales, ouvre un chemin d'apprentissage: celui d'une vie! Pour être en mesure d'être (je joue sur les mots!), il faut dépasser la peur de déplaire, de ne plus être aimé, d'être incompris et jugé. Ce n'est pas si aisé. Mais c'est un chemin de liberté, car il sera alors possible d'être complètement libre de penser, d'agir, de s'exprimer en toute occasion et devant toutes les personnes que l'on côtoie. Être plus libre et être vrai.

Le savoir émotionnel

Le savoir émotionnel fait partie intégrante du savoir-être. Néanmoins, ce champ est suffisamment vaste pour l'explorer spécifiquement. Il est un des aspects les plus passionnants et les moins répandus, en particulier dans le monde des organisations aujourd'hui. Il est à lui seul un champ d'apprentissages, de découvertes et d'expérimentations qui ne laisse pas de marbre!

Seriez-vous prêt à exprimer ce que vous ressentez, une émotion, devant un ami? Votre conjoint? Vos parents, voire un collègue avec lequel vous vous entendez bien? Que répondez-vous? Pourquoi? Pour quelles raisons? Lorsque l'on parle des émotions de manière intellectuelle et détachée, cela semble toujours plus facile. Pourquoi ne pas les vivre, ces émotions? Pourquoi les contenir? Au nom de quoi?

Le terrain semble plus glissant, n'est-ce pas? En réalité, c'est seulement une absence d'entraînement, un manque d'habitude, un enseignement qui nous fait défaut, car nous sommes tous pourvus d'émotions. Ne pas les exprimer, c'est laisser inerte une partie vivante de notre être. Il est vraiment intéressant de se demander pourquoi. Pourquoi nous protégeons-nous autant? Et de quoi?

J'ai eu l'occasion dans ma vie professionnelle de croiser des personnes intellectuellement brillantes mais émotionnellement absentes. Comme si elles étaient coupées en deux. Cela se ressent à l'extérieur et se vit de l'intérieur, j'imagine. De quoi se privent ces personnes? En ont-elles conscience?

Le savoir émotionnel pourrait aussi se caractériser par la notion d'intelligence émotionnelle liée au fameux quotient émotionnel valorisé par Daniel Goleman[5]. Ce docteur en psychologie américain, qui a enseigné à Harvard, a repris une réflexion initialement menée par Peter Salovey et John Mayer, qui furent les premiers à utiliser l'expression «intelligence émotionnelle» (Salovey et Mayer, 1990).

Ce savoir se manifeste par notre aptitude et notre capacité de détecter nos émotions et celles de nos interlocuteurs afin d'être en mesure de nous y ajuster. Faire preuve d'intelligence émotionnelle permet donc d'être au plus près de nos émotions et de celles des

---

5. *L'intelligence émotionnelle*, Éditions J'ai lu.

autres afin de régler notre comportement et nos réactions dans un plus grand respect de l'autre et une plus grande bienveillance.

Le savoir émotionnel est notre monde du ressenti, des sensations et des émotions. Il s'agit d'une ressource précieuse lors de l'adaptation aux nouveaux contextes de notre vie, qu'ils soient personnels ou professionnels. Il sert de baromètre interne, car ses manifestations nous révèlent ce que nous vivons à l'intérieur. Ces dernières sont diverses, il s'agit d'émotions telles que la joie, la tristesse, la colère, la peur, la peine, l'anxiété, la honte, l'espoir, l'amour et la culpabilité, ou le blocage de ces émotions et la frustration qui l'accompagne.

Par exemple, vous êtes dans une période d'attente pour une réponse décisive qui permettra ou pas la mise en œuvre de changements liés à un nouveau projet. Imaginez que vous attendez l'accord de votre banque pour un prêt qui vous donnera la possibilité de créer votre propre activité, d'acheter votre maison, de faire le voyage dont vous rêvez, etc. Les enjeux sont importants, votre anxiété et votre stress peuvent vous rendre la vie impossible pendant ce délai, ainsi que celle de votre entourage. Alors, comment gérer vos émotions afin de mieux vivre cette attente, sur laquelle vous n'avez aucun pouvoir d'action ou de changement, et préserver vos rapports avec votre conjoint? Le contraire accentuerait une situation déjà pénible.

***

Lors de changements multiples, vous faites donc, consciemment ou non, appel à des savoirs. Vous connaissez déjà certains d'entre eux, vous avez appris à les gérer. Pour d'autres, les changements peuvent être une formidable occasion de les découvrir. Votre personnalité, vos potentiels sont évolutifs et vous permettront de vous développer afin de devenir de plus en plus équilibré dans vos comportements, vos attitudes et vos relations avec les autres. Essayons d'illustrer et de décortiquer cette complexité à gérer et les nombreux impacts que cela sous-tend.

De la multiplicité... à la complexité

Bienvenue dans la quatrième dimension du changement!

Lors de vos multiples changements, s'ajoutent à la complexité de l'environnement, des acteurs, des ressources, des préoccupations, plusieurs projets à mener de front. Comment est-ce que ça marche? Comment orchestrer plusieurs changements successifs ou en parallèle? Comment prioriser? Comment vous organiser?

- La multiplicité : qu'est-ce que cela veut dire ?

- La complexité : pourquoi ?

Une illustration concrète

Voici une situation de changements multiples afin de mettre en évidence les différents apports des savoirs dont nous venons de parler.

Prenons l'exemple d'un double changement en parallèle : changer de maison et de travail en même temps. Comment cela se vit-il ? Comment cela se gère-t-il ? Quelles sont les ressources qu'il faut solliciter en termes de savoirs ?

Le champ du savoir

Changer de maison implique d'avoir des connaissances liées à l'immobilier ainsi que quelques connaissances juridiques pour lire les contrats.

Changer de travail suppose d'utiliser des connaissances, des acquis. Savoir comment se servir du matériel informatique, du réseau, et du serveur; connaître l'équipe, les personnes: noms et prénoms, postes, missions, habitudes de travail, horaires, us et coutumes (repas, rituels, etc.); connaître la culture, les attentes, etc.

Le champ du savoir-faire

Un changement de maison est l'occasion de mettre à contribution ses savoir-faire:

- Quelles sont mes savoir-faire, mes compétences dans la rénovation?
- Vais-je pouvoir faire le travail seul?
- Est-ce que je sais peindre, changer la tuyauterie et le plancher, jardiner?
- Ai-je des compétences et de l'expérience dans l'aménagement intérieur et extérieur, la décoration, l'installation d'équipements, etc.?

Au travail, on doit envisager comment utiliser certaines de ses compétences passées:

- Lesquelles?
- Dois-je en développer de nouvelles?
- Comment?
- À qui en parler?
- Comment transposer ce que je sais dans ce nouveau contexte?

Le champ du savoir-être (dont le savoir émotionnel)

Un changement de maison implique de quitter un endroit pour un autre. Un lieu auquel on a été attaché pour un autre à découvrir. Une phase de deuil est nécessaire pour quitter le précédent lieu de vie et ses habitudes. Il va falloir gérer la tristesse ou les peurs liées à l'adaptation des enfants à la nouvelle école, à de nouveaux copains, au nouveau quartier, aux nouveaux repères à prendre (commerces à proximité, coiffeur, voisins, etc.).

Dans le domaine du changement de travail, il ne faudra pas céder à une certaine panique ou au stress si des changements apparaissent, si la mission confiée évolue, si l'entreprise vit une réorganisation. Ce n'est pas parce qu'on est le dernier arrivé qu'on devra partir, par exemple. Ne pas se fier à la première impression. Gérer sa part d'inquiétude et d'anxiété au cours de la période d'essai. Gérer ses émotions pour rester concentré malgré la pression. L'addition de l'ensemble de ces dimensions est en nous. Il s'agit d'un immense territoire d'apprentissage, de maturité et de connaissance de soi.

Les facteurs de complexité

Il existe six facteurs à considérer qui découlent de la gestion de plusieurs changements, en même temps ou en parallèle.

Le temps

- Le temps et la mise en œuvre ne vont pas au même rythme.
- Les temps de préparation et de mise en œuvre diffèrent selon les personnes.
- L'avancée des projets diffère de l'un à l'autre. Il faut parfois savoir redéfinir certaines priorités.

Les enjeux

Ils diffèrent d'une personne à l'autre par rapport au niveau de défi personnel, d'engagement et d'implication, aux priorités de vie, etc.

Les actions et les réalisations

La mise en place et la mise en œuvre de certains projets dépendent de facteurs que vous maîtrisez, sur lesquels vous pouvez parfois avoir de l'emprise, de l'influence; dans d'autres cas, non.

La motivation

- Selon qu'il s'agisse d'un changement ou d'un projet choisi ou subi, les niveaux de motivation, de mobilisation et d'implication ne seront pas les mêmes.
- La détermination, l'énergie et la ténacité seront différentes d'un individu à un autre et d'un projet à un autre.

Les résultats

- Ils varient d'un projet et d'une personne à l'autre, et dépendent de l'objectif fixé initialement. Il est important que cet objectif soit réaliste, atteignable, clair et précis mais aussi ajustable.

- Les résultats qui se font attendre engendrent du stress et du doute. Ils auront alors un impact sur le déroulement.

Les imprévus

Cette variable a énormément d'impact car, par définition, vous n'y êtes pas préparé. Plus que jamais, la souplesse et la flexibilité vont vous aider à passer outre et à poursuivre le développement des projets en cours.

Le tableau ci-dessous permet de visualiser les impacts de situations concrètes de changements dans plusieurs dimensions de la vie.

Changements Dimensions	Projet 1 Changer de pays	Projet 2 Changer de métier	Projet 3 Changer de maison dans la même ville
Culturel	x		
Professionnel	x	x	
Personnel	x	x	x

Le moment varie et l'avancée dans les cycles de deuil et d'acceptation des différents changements est à géométrie et à vitesse variables.

***

Voici trois exemples pour illustrer la gestion des décalages.

Exemple 1

Un homme n'est pas officiellement divorcé lorsqu'il rencontre une autre femme. Le nouveau couple décide d'acheter une maison, ils ont un coup de cœur. Le problème, c'est que la nouvelle compagne attend une réponse pour un emploi qui sera plus lucratif; quant à lui, l'homme, officiellement toujours marié, ne peut acheter une propriété et signer des actes notariés.

Les changements (de vie, de conjoint et l'achat d'une maison commune) ne peuvent pas tous se faire dans l'instant présent, il y aura des décalages à gérer. Ces décalages, difficiles à maîtriser dans le temps, impliquent ici deux facteurs: la réponse pour le nouvel emploi et le divorce de l'homme. Comment vivre ces transitions? Beaucoup de préoccupations pratiques naissent auxquelles non seulement ils doivent faire face mais pour lesquelles il leur faudra trouver des solutions de transition, donc temporaires.

Les périodes de transition peuvent être assez inconfortables, car elles impliquent une non-maîtrise de certains facteurs: temps, décision, implication et engagement d'autres personnes, etc. Alors, comment faire pour les traverser et quelle attitude privilégier? Accepter. Accepter ce qui est, le fait que l'on n'a pas de pouvoir de décision ou d'action sur la situation en cours, et donc faire preuve de patience et de calme.

C'est tout un apprentissage d'être capables de dominer nos frustrations, nos peurs, nos doutes et de faire confiance au temps, aux personnes impliquées, etc. De regarder aussi à quel point cette transition peut être salutaire et nous offrir l'occasion de prendre du recul et de nous détacher de certaines attentes aliénantes. Plus on est préoccupé, inquiet, stressé, plus l'impact de cette transition sera fort et pesant. Il est donc important de trouver un chemin parallèle pour poursuivre sa route et voir petit à petit la situation s'éclaircir et les changements finir par arriver.

Patience, acceptation, confiance en soi et persévérance... Tout un programme d'apprentissage sur soi! Lorsque l'on n'obtient pas tout, tout de suite, cela nous donne la chance de nous dépasser et de grandir en savoir-être.

Les facteurs en cause ici sont: le temps, les enjeux, les actions et les réalisations.

Exemple 2

Un couple décide de se séparer et apprend l'arrivée d'un enfant. Que se passera-t-il? Quels seront les changements entrepris et comment vont-ils les gérer dans ces nouvelles circonstances?

Les facteurs en cause ici sont: l'imprévu, les résultats (difficiles à prédire dans l'instant) et la motivation.

Exemple 3

Comment travailler et vivre dans un pays étranger lorsque son visa arrive à terme et que l'on n'a pas de solution immédiate? Il faut rebrousser chemin ou trouver des solutions de transition, des visas de transition.

Les facteurs en cause ici sont: le temps, les résultats et la motivation.

L'ensemble de ces situations, comme vous l'imaginez, génèrent beaucoup de stress, de tension, d'inconfort et d'insécurité. Alors, comment vivre la complexité et apprendre à gérer ces aléas qui font partie intégrante de l'inconnu, de la nouveauté? De plus, ces situations impliquent d'autres personnes; il faudra donc gérer non seulement ses propres émotions, mais aussi, parfois, celles des autres!

Comment gérer cette complexité?

Gérer de multiples changements impliquant de nombreux projets et plusieurs interlocuteurs différents nécessite de la méthode, un certain recul et de l'action! Il est très important d'être lucide, pragmatique et déterminé, car il faut jongler avec un peu de stratégie et de leadership.

Un peu de stratégie

Faites appel à votre savoir et à votre savoir-faire. Définissez une ou plusieurs stratégies.

Pour cela, il vous faudra:

- avoir une vision globale des changements opérés;
- déterminer les différents projets, les interactions entre eux et leur synergie éventuelle;
- fixer des objectifs ambitieux mais atteignables;
- fixer des critères d'avancement par changement et par projet (des indicateurs de mesure);
- planifier;
- prioriser, et donc optimiser votre temps;
- faire preuve d'efficacité personnelle et de pertinence en préparant et en connaissant les sujets.

Un peu de leadership

Quels seraient les attitudes ou les comportements à adopter dans vos situations de changements multiples, voire de crise? Faites appel à votre savoir-être et à votre savoir émotionnel.

Faites preuve:

- de polyvalence; passez d'un sujet à l'autre, d'un problème à un autre, d'une personnalité à une autre, d'une évaluation d'un sujet à un autre (c'est le cas d'une entrevue professionnelle ajoutée à une formation et à un premier emploi à durée déterminée avec l'intégration dans l'entreprise);

- de flexibilité et de souplesse;
- d'adaptabilité;
- d'autonomie;
- d'affirmation de soi: ce que vous voulez et ce que vous ne voulez plus;
- de cohérence et de congruence.

Quelques idées clés

- En fonction des principales variables relevées précédemment, l'impact sera plus ou moins fort.

Plusieurs changements

Plusieurs phases

Des réactions et des manifestations en cascade et en décalage

- Quelles pourraient être les attitudes constructives afin de vous donner les moyens de réussir?
  - Alternez les étapes action et réflexion, et planifiez-les à l'avance.
  - Ajustez-vous aux phases rationnelles et émotionnelles. Prenez des temps de recul pour intégrer ou, plus exactement, digérer les différentes émotions vécues.
  - Pensez à gérer la multiplicité en puisant dans vos précieuses ressources (énergétiques, psychologiques) et dans l'ensemble de vos savoirs.

● ● ●

Nous allons maintenant nous intéresser de plus près à nos émotions. Elles sont fortement sollicitées lors de changements et ont une place prépondérante. Elles peuvent être nos alliées mais aussi, parfois, nos pires ennemies. Comment les gérer et en tirer le meilleur parti pour nous libérer de leur joug?

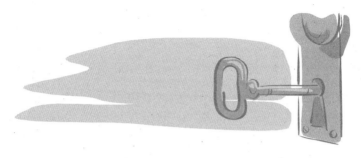

CHAPITRE 5

Comment gérer nos émotions lors de multiples changements?

Comment gérer ses émotions lorsque l'on ose? Lors de périodes où l'on s'expose, où l'on prend des risques et où l'on se dirige vers l'inconnu? Comment décoder et gérer celles des autres (entourage personnel ou professionnel)?

Je vous propose, dans un premier temps, de cerner les réactions émotionnelles en elles-mêmes, de parcourir les émotions qui nous animent, nous tiraillent, nous déstabilisent, voire nous bouleversent, afin de les comprendre. Puis, nous verrons comment essayer de les gérer en faisant appel à notre intelligence émotionnelle. Comment celle-ci peut-elle faciliter et améliorer notre vécu dans différentes périodes? Nous allons tenter d'observer et d'apprendre à reconnaître les différentes réactions émotionnelles qui se manifestent et nous habitent au cours des changements de nos vies.

Nos émotions peuvent être une force à condition de savoir les reconnaître, les apprivoiser et les gérer. Bienvenue dans le monde intérieur de nos émotions!

Qu'est-ce qu'une émotion?

Selon *Le Petit Robert*, une émotion est «une réaction affective, en général intense, se manifestant par divers troubles, surtout d'ordre neuro-végétatif (pâleur ou rougissement, palpitations, accélération du pouls, sensation de malaise, tremblements, incapacité de bouger ou agitation)». L'émotion, créée par un déclic, comporte trois composantes : physiologique, subjective et expressive.

Une composante physiologique

L'émotion est la résultante d'une émission d'hormones dans le sang à la suite d'un élément déclencheur extérieur, un stimulus. Se produisent alors des réactions physiologiques, comme l'augmentation du rythme cardiaque, la sudation, une sensation de chaleur intense, etc.

À partir du moment où le cerveau reçoit des informations de nature agréable, menaçante ou stressante provenant de l'extérieur (l'environnement immédiat) par l'intermédiaire du corps (notre récepteur), la réflexion et le comportement s'en trouvent modifiés et bouleversés. On peut alors observer : un changement dans le ton de la voix ou la posture (synchronisation inconsciente sur celle de l'autre), une inclinaison en avant du corps ou en retrait sur le fauteuil, des mimiques, la sensation de ne plus tenir sur ses jambes, les mains moites, la gorge sèche, etc.

Une composante subjective

Ce que nous ressentons dans notre corps et notre cœur nous informe que des émotions nous traversent, nous bouleversent ou nous animent. Il est intéressant d'apprendre à les connaître et à les reconnaître. Pourquoi ? Lors d'une prise de parole en public, par exemple, vous savez que généralement vous parlez trop vite pendant les toutes premières minutes de votre allocution, de manière peu audible, ou que vous bougez de long en large. En le sachant, vous pouvez vous préparer pour la fois suivante et apprendre à mieux gérer les réactions émotionnelles liées au stress et ainsi mieux les maîtriser pour votre confort personnel dans cette situation et pour les spectateurs qui peuvent être gênés.

Une composante expressive

Les émotions que nous ressentons sont perçues et informent les personnes face à nous de l'impact que nous vivons à ce moment-là : une rencontre inattendue et troublante, un mot, un geste, un regard... Par exemple, une femme rougit lorsqu'elle rencontre un homme qui la séduit et revit cette émotion à chaque rencontre. La manifestation de cette émotion devrait permettre à l'homme de reconnaître l'effet qu'il provoque. Il est, malheureusement pour elle, informé de ce qui se passe en elle. Même chose d'ailleurs si lui-même commence à légèrement bégayer.

En résumé, le mot «émotion» vient du latin *motus* (mouvement) dérivé de *movere* (mouvoir, agiter, remuer), accompagné du préfixe *ex-* (en dehors de). Il veut donc dire «quelque chose d'intérieur qui sort hors de soi». Une sorte d'élan de l'âme étroitement relié au cœur qui a des manifestations très diverses selon les individus et les contextes. Comment se manifestent-elles?

Nos réactions émotionnelles

Les réactions émotionnelles se manifestent sans crier gare, parfois plusieurs en même temps, dans un perpétuel aller-retour. Lorsqu'on se trouve face à la réalité, la sensation change et les émotions entrent en scène. Autrement dit, on passe d'un projet idéalisé, voire fantasmé, à un projet concret et réel.

Nos réactions émotionnelles me font penser à une pièce de théâtre dans laquelle l'auteur a souhaité faire s'exprimer plusieurs émotions afin de la rendre plus humaine. Alors, ce soir, je vous invite au théâtre. Imaginez l'un de ces petits théâtres parisiens qui a conservé son charme et son architecture d'antan: du velours rouge grenat sur les fauteuils, un immense rideau de scène dévoilant une immense fresque, des lustres magnifiques en cristal et des dorures à l'italienne avec, inscrits au plafond et sur les balcons, les noms des plus grands: Molière, Racine, Corneille, de Beaumarchais...

Vous y êtes? Alors, prenez place... La pièce que vous allez découvrir pourrait s'intituler: *La force de nos émotions*.

Premier acte: À la découverte de notre univers émotionnel

Notre univers émotionnel, ce monde intérieur et parfois extériorisé, est très riche. Il détient tellement de possibilités qui peuvent se mélanger entre elles. Connaissons-nous les émotions que nous exprimons le plus ou le plus souvent, et celles qui, au contraire, sommeillent en nous? Partons à leur rencontre...

Premier acte, scène I: La peur

Ce premier acte n'exclut pas une part d'improvisation, la nôtre ainsi que celle de nos émotions. Les premières phases, une fois les changements annoncés ou décidés, sont à caractère émotionnel. Les considérations d'ordre rationnel et les aptitudes à la prise de décision arrivent ensuite. Il faut laisser de la place aux émotions, les accueillir, puis les gérer afin d'atteindre l'objectif final: changer.

La principale émotion dans un processus de changement est, dès le début, la peur. Peur de l'inconnu, de l'inattendu, d'avoir eu les yeux plus gros que le ventre; peur de ne pas y arriver, d'échouer, de ne pas avoir les moyens ni les ressources, de s'être trompé... La peur reste et restera la plus grande entrave à l'évolution. Je le sais pour l'avoir ressentie. Je me souviens d'avoir parlé de l'un de mes projets à des amis et d'avoir eu l'étrange sensation d'être extérieure à ce projet de changement et à ce qu'il impliquait déjà. Comme une forme de distanciation, une sorte de protection, tellement être dans le personnage qui change nous fait déjà peur.

Savoir reconnaître nos peurs est un premier pas. Certaines d'entre elles ont un caractère existentiel, c'est-à-dire qu'elles reposent sur la réalisation et la satisfaction de besoins d'ordre primaire: se nourrir, se loger et se vêtir, ainsi que l'absence de sens ou de repères établis et sécurisants.

Lorsque nous sommes aux prises avec nos émotions, nous sommes face à une sorte de miroir déformant. Tout peut paraître plus grand et plus insurmontable. Les peurs peuvent nous poursuivre longtemps. Elles nous dominent le plus souvent, nous privant d'une certaine liberté et de latitude dans nos choix.

Elles se manifestent sous forme d'angoisses, de stress, de préoccupations quasi permanentes. Chez certains d'entre nous ayant un caractère plus anxieux, la peur est omniprésente chaque jour, dans chaque acte important de la vie. Alors, comment oser prendre des risques, et donc changer?

Françoise, une femme d'origine canadienne, s'est mariée à 23 ans, dans les années 1960. À cette époque, elle vivait encore chez ses parents. Son mari fut sa première relation sérieuse. Quelques mois avant la cérémonie, Françoise entendit sa petite voix qui lui disait de ne pas se marier, mais elle trouvait son fiancé bien fin, gentil, généreux; et puis, tout était déjà organisé. Le mariage fut beau et heureux. La lune de miel se passa très bien; son mari était prévenant, d'une grande délicatesse. Françoise aspirait profondément à fonder rapidement une famille.

À leur retour de voyage de noces, un changement significatif se fit sentir. L'attitude de son mari changea. Il cherchait constamment la chicane sur n'importe quel sujet, il manifestait des troubles de l'humeur et du comportement qui perturbaient leur relation. Françoise s'interrogeait: «Est-ce ça, le mariage?» Elle sentait que quelque chose n'allait pas. Elle était malheureuse, déçue, inquiète pour l'avenir et honteuse de sa situation vis-à-vis de sa famille. Elle vivait très mal ce que son mari lui faisait subir : un homme colérique qui hurlait, cassait la vaisselle, la faisait douter d'elle-même, la déstabilisait émotionnellement et la contrôlait. Après ses « crises », il oubliait tout, comme si rien ne s'était passé, et lui offrait alors des fleurs et des bijoux. En public, il se comportait comme le mari idéal. Cet homme était malheureux au fond et instable psychologiquement. Françoise ne savait comment réagir, comment gérer toutes ces périodes de crise, en fin de semaine surtout ; elle ne savait à quoi s'attendre.

Elle était tellement déçue et désemparée par le changement de comportement soudain de son mari qu'elle envisagea un divorce et décida, après trois mois de mariage, d'aller voir un avocat. Celui-ci prépara les papiers. Françoise lui demanda d'attendre avant de les envoyer, car elle sentait un changement dans son corps. Quelques jours plus tard, elle apprit qu'elle était enceinte...

Elle stoppa immédiatement la procédure amorcée, car il s'agissait du père de son enfant et elle ne se sentait pas capable de le lui enlever. Françoise dut faire face à une vraie dualité : le bonheur profond d'être enceinte et la réalité de devoir vivre avec son mari, la joie et en même temps l'angoisse de rester. « Je sentais que je n'avais pas le choix, ni surtout le droit de lui enlever son enfant. Je me sentais incapable de l'élever seule ; je sortais de chez mes parents, j'avais 23 ans et je ne savais rien de la vie. J'étais tellement dépendante. J'aurais dû retourner vivre chez mes parents, mais il n'en était pas question. Il n'y avait alors pas d'autre possibilité et personne, y compris mes parents, ne connaissait le drame dans lequel j'étais plongée. »

Un jour, plusieurs années plus tard, Françoise découvrit que son mari était homosexuel. Cette prise de conscience fut l'élément déclencheur d'un changement radical. Il confessa sa vie parallèle et parla des hommes qu'il fréquentait depuis plusieurs années. Il menaça Françoise de ne rien lui laisser si elle divorçait et lui promit qu'il lui mènerait la vie dure. Mais il avait dépassé les bornes et ce jour-là, Françoise se dit : « Advienne que pourra, c'est terminé ! »

La difficulté qu'elle affronta au moment de sa décision, cruciale pour sa vie et celle de ses enfants, fut surtout la peur. La peur de ne pas s'assumer soi-même : « Est-ce que je vais y arriver ? Je ne travaille pas ! » Mais Françoise pensait alors que ses enfants vivraient mieux ainsi, même si leur vie matérielle et financière allait être très différente.

Émotionnellement, elle était très angoissée par l'avenir, l'inconnu et le fait d'inclure ses enfants dans son choix et ses conséquences. Elle ressentit cependant un profond soulagement d'avoir pris cette décision, d'avoir su reconnaître le point de non-retour : « Je savais au fond que c'était la bonne décision. » Les peurs se mêlaient alors à la délivrance. Très vite, elle réalisa qu'elle était libérée ; la paix régnait à nouveau dans la maison, elle pouvait être elle-même sans être aux aguets.

Françoise réalise aujourd'hui, après de nombreuses années et d'autres expériences de changement, que ce pas qu'elle a franchi à cette période de sa vie lui a révélé de quoi elle était capable : « J'ai su trouver la force qu'il me fallait pour faire face à mes responsabilités, à mes engagements de bien élever mes enfants et de bien gagner ma vie malgré le peu de confiance que j'avais alors en moi. J'ai choisi de faire confiance à la vie et, petit à petit, les solutions sont arrivées les unes après les autres : logement, travail, argent.

Ce que Françoise a appris de cette expérience de vie, c'est que « lorsque l'on sent que l'on est malheureux dans un contexte, une situation, on ne devrait jamais attendre pour changer, car le temps est trop précieux. Au fond, c'est toujours la peur qui nous paralyse. On peut prétexter n'importe quelle raison – les enfants, le choix du moment, etc. –, au fond c'est toujours la peur de quelqu'un ou de quelque chose. On devrait être à l'écoute de notre petite voix instinctive et ne pas demeurer seulement dans le cérébral, le raisonnable, le paraître, la gêne, voire la honte face aux autres. Dans ces moments-là, dans ces comportements-là, je me reniais et, finalement, je mourais à petit feu. J'ai aussi appris de la vie que l'on ne doit jamais faire des choses par vengeance ou par haine, mais plutôt par amour de soi-même et de ses enfants ».

Quelle belle illustration du courage dont nous avons tous besoin au début ! Oser une première fois, puis une deuxième... et ainsi bénéficier de l'effet de l'expérience et de l'estime de soi pour l'avoir fait nous réconforte et nous rassure sur nos capacités et nos aptitudes à être à la hauteur des enjeux et des défis à relever.

Pour certains d'entre nous qui ont été des enfants, des adolescents et des adultes très anxieux, les épreuves ainsi surmontées nous apprennent à repousser nos limites et nos peurs chaque fois un peu plus loin. C'est un gain précieux, il peut nous permettre de considérer autrement notre rapport à la vie, d'une manière plus confiante et plus optimiste, nous amenant ainsi un réel mieux-être et, pourquoi pas, le bonheur à la clé.

Premier acte, scène II : La colère

Elle fait son apparition, elle gronde intérieurement d'un son sourd et grave. La colère fait partie de nos émotions, celles reliées entre autres au renoncement. On ne quitte pas quelqu'un ou quelque chose sans lui reprocher ce qu'il nous impose, ce qu'il nous oblige à faire. Pensons à une rupture sentimentale, même lorsqu'elle est voulue de part et d'autre. « Et dire que j'ai tout fait... Tout fait. »

La colère est une émotion souvent associée à l'impuissance. Rien ne rend plus furieux que l'impuissance : « Que faire d'autre ? Je n'ai pas le choix, je dois le faire ! » La colère peut être aussi extérieure à nous, car un changement est par définition dérangeant pour nous, mais aussi pour les autres : « Mais enfin, pourquoi ? Tu as tout ! » ; « Tout va si bien ainsi ! » ; « Tu as tort de faire ceci ou cela... » Il faut accepter ces différentes émotions qui, bien souvent, sont le signe d'une réelle inquiétude, voire d'une tristesse ou de peurs de la part des personnes qui nous aiment. Choisir, partir, changer, c'est aussi obliger notre entourage à changer et à accepter une situation nouvelle qu'il ne désirait pas initialement.

En changeant, nous évoluons et imposons en quelque sorte nos choix de vie. En contrepartie, il nous faut accepter certaines réactions, c'est-à-dire les réponses émotionnelles des autres, aussi diverses soient-elles. Par exemple, certaines personnes vont s'intéresser à nos projets, chercher à comprendre ce qui nous motive et d'autres, non. L'indifférence est aussi une réponse. D'autres agissent sur le levier du doute afin de nous faire remettre en question le bien-fondé de nos décisions ; ils cherchent la faille ou jugent nos choix.

Il nous faut accepter ces réactions plus ou moins conscientes, plus ou moins maladroites, plus ou moins intentionnelles, et ne pas nous laisser influencer ou blesser par elles. Un ami m'a dit un jour une phrase très réconfortante : « S'ils comprennent, c'est bien ; s'ils ne comprennent pas, c'est bien aussi. Peu importe, ils comprendront peut-être un jour, ou jamais. » Certains changements, notamment ceux d'ordre identitaire, impliquent de devoir laisser et, parfois, de quitter. Il se peut que l'incompréhension devienne telle parfois que s'obstiner à convaincre soit une perte de temps, du temps très précieux dans les phases de préparation aux changements. Il nous faut alors accepter de ne pas être compris, de déplaire, voire de déranger profondément. Parfois, cette incompréhension peut entraîner aussi de la colère.

Premier acte, dernière scène : La tristesse

Il est difficile d'aborder ce sujet sans une histoire, sans illustration. Aussi, je vous propose une réflexion personnelle, sur la base d'une écriture libre.

Passer à travers sa peine

Passer au travers des périodes de doute, de peur et d'angoisse est un immense apprentissage sur soi.

Qu'il est difficile de suivre sa route, en particulier si elle ne ressemble pas à celle des autres ! Qu'il est difficile d'assumer sa différence !

Chaque jour, les preuves, les gestes, les mots conditionnent un certain type de vie, de choix. Comment vivre lorsque ce ne sont pas les nôtres ?

La différence. Être différent. Y a-t-il un prix à payer à l'être ?

Tracer un nouveau sillon, une voie nouvelle et originale avec l'ensemble des risques, des erreurs ou des échecs que cela suppose.

Avancer malgré les doutes, la peine et l'incompréhension.

Avoir une âme aventurière n'est pas un chemin de facilité, ni même de sécurité.

C'est aussi la peur de ne pas – plus – être aimé dans cette différence et pour cette différence. La peine de décevoir. La peine à travers toutes ces petites allusions à tout ce que l'on n'est pas ou que l'on devrait être... En fait, tout ce que l'on ne veut plus être.

Pourquoi ? Vous ressembler me rendra-t-il plus heureux ? Qui détient la vérité en ce bas monde ? N'y-a-t-il qu'un seul chemin pour tous ? Pourquoi les opinions, les choix nous touchent-ils encore alors qu'ils ne nous ressemblent plus ? Car ils sont ceux de la majorité, du plus grand nombre, et l'impact est puissant.

La joie profonde d'avoir trouvé son chemin s'obscurcit dès que de gros nuages gris et sombres s'approchent trop près. Le soleil se voile et cette félicité se teinte de peine, de tristesse, de colère, voire d'incompréhension profonde.

C'est à ce moment-là que la distanciation s'opère, que l'éloignement s'installe et que les destinations et les chemins se différencient.

C'est aussi à ce moment-là que les regards changent ; ils ne se croiseront plus jamais.

C'est un renoncement, un deuil. Ce qui a été ne sera plus.

Quelle peine, quelle douleur intérieure et quelle angoisse !

Le passage le plus difficile reste sans conteste celui de renoncer à être reconnu et à être aimé à n'importe quel prix.

Avant d'espérer l'être à nouveau, une longue route attend les voyageurs en quête de vérité, d'authenticité, et donc de fidélité à qui ils sont profondément.

De plus, ce n'est pas seulement la nôtre, mais aussi la déception, voire le chagrin de ceux qui nous regardent changer et évoluer, tel un enfant qui s'envole du nid familial...

Certaines peines, certaines tristesses sont discrètes, dissimulées à l'intérieur, à peine visibles, et d'autres sont exprimées. Toutes sont un flot d'amour et d'amitié. Elles sont le signe vivant de la nature du lien qui existe.

Cette tristesse représente aussi un gage, un trésor. Celui de tout l'amour que l'on nous porte et de l'admiration qui se lit dans certains regards. Elle est porteuse d'espoir et d'une richesse qui nous suit à travers le temps, le monde, nos vies et nos changements.

Merci à celles et ceux qui ont de la peine et qui sont tristes pour nous, car ils nous offrent le plus beau des cadeaux : leur amour sincère.

Deuxième acte : Nos deuils

Nos deuils. Ce terme est de plus en plus utilisé et médiatisé sans qu'il soit pour autant facile à comprendre. Il ne s'agit pas du décès d'une personne (il s'agirait ici de l'acte). Je voudrais surtout mettre l'accent sur le processus de deuil, un processus de mort-renaissance que nous vivons, que nous traversons lors de tous les changements de nos vies, importants ou non, subis ou choisis. Que veut dire l'expression « faire le deuil », très utilisée dans le domaine de la psychologie ?

Nous avons tous entendu dire : « C'est bon pour moi, j'ai tout compris. Mon deuil, je l'ai fait » ; ou lors d'un décès : « Je vais me remettre tout de suite au travail pour ne pas penser » ; ou lors d'une rupture : « C'est de sa faute. Je n'ai rien à me reprocher, je n'ai aucun deuil à faire ». Cela pourra faire sourire certains d'entre nous, habitués aux processus psychologiques, et pourtant c'est si vrai. On dirait que le mot « deuil » en lui-même dérange. Deuil de quoi ? De qui ? Et pourquoi ? Dans les civilisations tribales, les rituels facilitaient les passages d'une situation à une autre, permettaient de conscientiser et de vivre les émotions associées à ces changements.

Le départ d'un proche est un changement de vie significatif. Ne plus jamais le voir, lui parler et l'aimer est éprouvant. Lorsque nous faisons le deuil d'un événement éprouvant ou marquant, d'une

séparation, d'un lieu de vie, d'un travail et de relations professionnelles que l'on avait tissées, d'un enfant qui quitte la maison, ce
n'est pas un processus mental, mais un ressenti émotionnel. Qu'est-
ce que cela me fait dans mes tripes, dans mon cœur de partir travailler à 500 km de chez moi? De me séparer de la mère de mes
enfants? De ne plus vivre chaque jour avec mes petits?

Dans le processus de deuil, au-delà de la compréhension intellectuelle et rationnelle de la dynamique – qu'il est passionnant de
connaître d'ailleurs afin de pouvoir situer notre évolution dans le
processus –, il nous faut vivre et sentir le vide, la douleur, la peine,
le chagrin, la démotivation et, parfois, la dépression. Pour éviter de
ressentir certaines de ces manifestations, nous aurons le choix de
nous occuper, de voyager pour nous changer les idées, de remplir
nos agendas et nos journées... Pourtant, elles sont bien là, que cela
nous plaise ou non, que cela nous dérange ou non.

Que se passera-t-il si nous mettons ces émotions de côté? Elles
seront refoulées et un jour peut-être elles se manifesteront et géné-
reront un blocage, un nœud émotionnel. Certains psychologues et
psychiatres parlent alors d'une accumulation qui pourrait provoquer des maladies ou des douleurs psychosomatiques. Comme vous
le comprenez, il n'est pas souhaitable de nous couper de nos émotions, celles qui nous habitent, qui vivent en nous et que nous faisons
taire. Pourquoi ne pas les assumer? Qu'est-ce qui nous empêche
d'être tristes et de pleurer un être cher? Au nom de quoi? De la bien-
séance, du regard des autres? «Que vont-ils penser de moi si je
pleure, si je souffre?»

N'y avait-il pas des périodes et des rites de deuil consacrés autre-
fois? Le fait de porter le noir permettait aux gens de vivre leurs émotions en paix, sans devoir les refouler ou les justifier, sachant que les
autres comprendraient et respecteraient leur chagrin et leur peine.
De nos jours, vivre un décès se passe en quelques jours, parfois en
quelques heures. Dès le lendemain, il faut à nouveau faire face aux
exigences et aux contraintes de la vie, que l'on soit émotionnellement
apte ou non. Ne vous êtes-vous jamais senti agressé par ce manque
de délicatesse et de considération dans une période aussi sensible?

Il en va de même du processus de changement, faire le deuil
d'un contexte passé pour en vivre un nouveau nous plonge dans
une certaine vulnérabilité, une sensibilité plus aiguë. Cela peut être
parfois encore plus difficile à vivre lorsque notre environnement
immédiat nous confronte. La période n'est alors pas idéale pour
faire face. Nos ressources ne sont pas les mêmes, cela peut nous inciter
à nous replier sur nous-mêmes pour nous protéger. Se réapproprier ses

émotions, c'est se réapproprier une partie de vie qui sommeille en soi. Il est important de vivre nos émotions, de les éprouver, de les dépasser pour les laisser derrière nous. C'est notre future liberté d'action et d'épanouissement qui est en cause.

Selon les situations vécues, nous devons parfois vivre plusieurs changements en même temps : le deuil d'une vie avec ses habitudes, ses repères et son confort ; le deuil des relations, en particulier de la forme passée qu'elles avaient ; le deuil d'une reconnaissance sociale, professionnelle et amicale ; le deuil d'une part de vie qui se termine, tout simplement. Des phases émotionnelles vont alors se succéder : colère, tristesse, désespoir... Des allers-retours incessants. Il nous faudra accepter une certaine vulnérabilité à cette étape du processus et nous entourer de personnes bienveillantes qui nous rassureront et qui croiront en nous.

Dire au revoir à une histoire importante de notre vie, à une relation forte, à un lieu est en quelque sorte l'occasion de faire de la place dans notre cœur, dans notre tête et dans notre vie de manière plus consciente. C'est le moment venu de se débarrasser des vieilleries, des photos, d'une certaine nostalgie, d'images, de souvenirs encombrants, voire pesants, afin de pouvoir en construire et en inventer de nouveaux !

Troisième acte : Le détachement

Voici le moment venu de se détacher des choses, des lieux, des personnes et parfois de certaines de nos croyances ou de nos schémas psychologiques aliénants. C'est réaliser, jour après jour, la fin d'une époque et le fait que le temps est arrivé de profiter des derniers moments, des derniers souvenirs. Contempler ce qu'on laisse pour s'émerveiller de ce que l'on va découvrir...

Le détachement invite au deuil et y est étroitement lié. Les deuils d'ordre affectif sont les plus douloureux : dire adieu au passé, à une vie, à tous les acteurs qui l'ont traversée, aux lieux, aux personnes auxquelles on est et restera attaché, à une partie de nous et de notre histoire personnelle. Ces détachements nous bouleversent au plus profond de nous, dans notre rapport à la vie et dans cette phase de transition.

C'est une période chargée d'anxiété, de culpabilité, de tristesse et de colère. Toutes ces émotions en cascade ou en parallèle nous propulsent dans nos limites, certaines parfois insoupçonnées, et dans nos retranchements. Elles nous invitent au lâcher-prise. Dans cette période, notre motivation profonde, nos valeurs et nos convictions sont mises à l'épreuve.

Quatrième acte : Le lâcher-prise

Lâcher prise pour l'inconnu est, et de loin, l'expérience la plus forte, inquiétante, troublante et angoissante. Accepter de ne rien savoir, de ne rien contrôler ou maîtriser donne le vertige ! La sensation d'un saut dans le vide remplit de peur, d'angoisse, d'anxiété, le tout mêlé à de l'espoir.

La confiance acquise ou cultivée, et surtout la confiance que nous portent nos amis, nos proches, leur regard sur nous, est le dernier fil d'Ariane qui nous relie au connu. Seul le fait de vivre à bras le corps l'ensemble de ces émotions rattachées au deuil et au détachement peut nous permettre de faire réellement peau neuve. Ne rien laisser pour faire toute la place, nous concentrer sur l'avenir et nous donner toutes les dispositions favorables pour réussir sans être perturbés par nos émotions, nos schémas, nos injonctions passées ainsi que les situations non abouties, en suspension ou en cours de guérison.

Il s'agit tout simplement de notre chemin personnel vers l'autonomie, c'est-à-dire libérés des dépendances passées à la fois psychologiques, matérielles et affectives. Une des façons de passer au travers de cette épreuve est de nous projeter. Cette projection nous apporte du réconfort ; elle nous permet d'imaginer, de créer la suite, de la visualiser. Se détacher pour imaginer, s'ancrer et se relier à nouveau.

Cinquième acte : Le passage à l'acte

Cinquième acte, scène I : Le moment sacré du passage

C'est le moment sacré du passage, d'une situation à une autre, d'un contexte à un autre, d'une vie à une autre, infiniment émouvant, puissant, enivrant et apaisant. Le moment d'une séparation touchante, mélangée de joie, de bonheur, d'espoir, de tristesse et de culpabilité. Une sorte de cocktail émotionnel remuant. Le début d'une nouvelle aventure.

Plus les changements s'opèrent dans le quotidien, plus l'enthousiasme, la gaieté, l'exaltation, le soulagement, tout simplement le bonheur de vivre ces émotions pleinement, se révèlent en nous chaque jour davantage. Cette période est exaltante, nous conquérons et découvrons avec beaucoup d'enthousiasme et d'énergie. La confiance et l'estime sont là pour soutenir tous les efforts que nous demandent l'immersion et l'intégration. Une liberté de mouvement, d'action, de construction, d'innovation, de penser et d'être. Imaginez cela !

Aller à la rencontre de ses rêves, répondre à ses aspirations profondes est une expérience qui nous transforme profondément. À ce moment précis, la vie change. Le regard que nous portons sur elle ne sera plus jamais le même.

Cinquième acte, scène II : L'élan et ses zones d'ombre

Cet élan ne se prend pas sans doute, sans peur, car dans la situation postchangements, la sécurité n'est pas encore au rendez-vous. L'enthousiasme porte cette peur beaucoup mieux que la tristesse précédemment. Il faut savoir vivre avec elle, ou plutôt sans elle.

L'inconnu que nous procure un changement est difficile à décrire en quelques mots. C'est avant tout un ressenti et des émotions paralysantes qui suscitent beaucoup de doute, de stress, de tension et d'angoisse. Ces émotions ont tendance à tout remettre en cause.

L'avenir, à ce moment-là, peut paraître très insécurisant, insurmontable, et cela peut nous décourager. Cependant, le doute est sain, il nous permet de prendre du recul, d'envisager plusieurs options ; tout dépendra alors de la place qu'il prend ou, plus exactement, de celle que nous lui laissons...

L'insécurité occupe une place prédominante dans les situations de changement. Elle est de deux types :

L'insécurité matérielle

De quoi s'agit-il ? Lors d'une embauche, rien ne garantit que nous serons retenus à la fin de la période d'essai. Lors d'un changement de pays, nous devons assurer notre survie à l'étranger sans même savoir de quel pouvoir d'achat nous disposons comparé à celui que nous avions, sans connaître les différents impacts financiers des taxes, des impôts, etc. À ce moment-là, nous avons peu de visibilité.

Gérer l'insécurité matérielle nécessite du temps afin de mettre en place un système de rémunération payant, s'il n'existe pas. Nous savons tous à quel point cette insécurité a un impact, car elle touche nos besoins de base, primaires et fondamentaux. « Vais-je pouvoir poursuivre mon chemin, retrouver un niveau de vie satisfaisant ? Vais-je devoir renoncer ? Vais-je avoir de quoi vivre ? Quelle sera la durée de cette période de transition ? » Autant de questions dérangeantes avec lesquelles il nous faut vivre sans que cela nuise à nos démarches et à nos actions, qui sont en grande partie la réponse à nos doutes.

L'insécurité affective

À qui confier nos doutes professionnels et personnels, nos craintes? Quelles sont les personnes auxquelles nous pouvons nous fier en les connaissant peu? Cette insécurité est aussi psychologique, c'est-à-dire qu'il ne faut pas nous laisser impressionner par nos montées de doute, d'inquiétude et d'angoisse qui faussent les données et nous paralysent inutilement. Il est important de savoir gérer la naissance de notre insécurité pour ne lui laisser qu'une place relative afin qu'elle ne prenne pas le pas sur notre confiance et notre énergie, si essentielles à notre réussite.

L'insécurité dans la mise en place du changement entrepris nous impressionne, et le seul acteur de cette nouvelle construction, c'est nous. La suite des événements dépend de nous, de nos connaissances, de nos compétences, de notre expérience, de notre savoir-être; de notre capacité de créer des liens, d'atteindre nos objectifs, de relever nos défis, de reconstruire une vie après une séparation avec de nouveaux repères, de nouvelles connaissances; de notre capacité de nous ajuster, de nous adapter à la nouveauté, etc.

Vivre sans maîtrise ni pouvoir

Une fois nos premières démarches entreprises, une nouvelle difficulté surgit: perdre à nouveau la maîtrise, le contrôle sur notre situation. Encore une fois, nous n'avons plus d'emprise, plus de pouvoir ni d'influence sur certaines décisions et actions à venir; elles ne dépendent plus de nous.

Il ne s'agit pas d'une question de confiance ou de défiance, mais de non-maîtrise de l'issue et de l'incidence des décisions sur notre quotidien et notre organisation de vie. Par exemple, si vous commencez un nouvel emploi, vous faites de votre mieux, vous faites vos preuves, et jusqu'au moment de la confirmation officielle de votre direction, vous n'avez aucun contrôle sur l'appréciation qu'elle formulera. Dans d'autres situations, cela peut être plus délicat ou subtil, comme lorsqu'il s'agit de relations humaines, par exemple l'appréciation par votre équipe de votre travail, de votre style de gestion, de votre impact et de votre capacité de mobiliser.

Cette étape est vraiment difficile car incontrôlable en ce qui concerne la finalité à la fois d'un point de vue temporel et organisationnel. Quand saurons-nous? Quand pourrons-nous' enfin nous projeter? Quand les propositions qui nous ont été faites seront-elles effectives ? Comment gérer nos phases transitoires qui se répètent à chaque changement de phase significative de notre évolution ?

Accepter de ne pas savoir, accepter d'attendre, avoir confiance... et patienter. L'attente et l'incertitude ne font pas bon ménage. Les choses nous paraissent plus simples sur le papier qu'en réalité. Il s'agit d'un vrai travail intérieur que de pouvoir se détacher de l'enjeu, d'accepter de ne pas tout maîtriser et, surtout, de ne pas laisser cet état atteindre, modifier ou freiner l'élan.

Il faut être conscient de cette difficulté, elle est réelle. Il est important aussi de nous connaître pour mettre en place des «contre-offensives», des actions qui nous permettent de nous détendre, de prendre du recul et de garder un certain niveau de sérénité, comme le sport ou des activités qui nous plaisent, nous valorisent, nous détendent et nous font oublier... l'attente.

Sixième acte : à l'aube du renouveau

Il faut célébrer toutes les victoires, les petites et les grandes : celle d'y être arrivé, d'avoir accompli ses rêves, ses aspirations ou atteint un objectif fixé ; celle d'avoir performé, d'avoir su se stabiliser ; mais par-dessus tout célébrer et savourer la beauté et la bonté de la vie, d'un regard, d'un geste, d'un sourire...

Célébrer nous permet d'extraire et de récolter le meilleur pour pouvoir renforcer notre confiance en nous-mêmes et en nos aptitudes, par exemple notre intuition. Ces victoires sur nous-mêmes et sur la vie, quelles qu'elles soient, nous aident à faire face aux épreuves suivantes. Quel dommage que nous oubliions si souvent de célébrer les instants sacrés de notre existence, les moments clés et tout ce qui nous donne la foi de poursuivre et de croire profondément en la vie et en sa générosité ! L'ancien laisse place à la nouveauté, au renouveau et à toute l'ouverture que cela suppose.

***

Une fois que la pièce est terminée, que le rideau est baissé et que les applaudissements cessent de retentir, la morale de l'histoire prend sa place dans nos esprits. Le message fort de cette pièce prend tout son sens : de la sérénité pour plus de lucidité. La sérénité se développe et se pratique, elle n'est pas innée. Elle permet de se mettre dans la peau d'un d'observateur de notre vie, d'être celui qui regarde ce qui se passe au-dehors, de mettre en position «méta» et de s'extraire consciemment.

En effet, garder son calme et sa lucidité offre une meilleure perspective de vision et de compréhension, aide à aller de plus en plus vers la maîtrise de soi et de ses émotions. La sérénité se nourrit d'amour, d'espoir et de compassion. Elle est au service de nos émotions et de leur potentiel de développement. Notre sérénité est, et restera, notre meilleure alliée : à nous de la cultiver !

Il nous est plus facile de passer à travers l'ensemble de ces émotions lorsqu'elles correspondent à un choix, à un changement désiré, car ces étapes ont du sens pour nous et s'inscrivent dans l'optique d'un but à atteindre.

L'annonce du changement imposé : un déclencheur incontrôlable

La nouvelle d'un changement à venir est un déclencheur de réactions émotionnelles qui seront différentes selon les personnalités. Chacun va agir et réagir différemment. La première réaction est souvent le choc. Le niveau de stress dans cette situation est très élevé, mais celui-ci peut se manifester dans un deuxième temps, après la digestion de l'annonce. Ce choc sera plus ou moins long à intégrer selon la personnalité et le niveau de maturité psychologique de l'individu.

D'autres émotions suivent : le déni, la colère, la démotivation, la compensation, l'acceptation et l'adhésion. Une grande détresse psychologique et une grande souffrance intérieure peuvent également émerger. Certaines personnes sensibles à l'abandon peuvent passer en mode panique. Leurs réactions peuvent être disproportionnées et parfois violentes.

Une personne sera dans le déni pendant qu'une autre sera déjà en phase de compensation, voire d'acceptation (référence aux travaux du Dr Kübler-Ross et à sa courbe du deuil). À ce moment-là, le besoin de parler et d'exprimer son inquiétude, ses angoisses face à l'avenir est grand. Des sentiments de frustration, de colère, de rage parfois et d'impuissance mettent l'individu hors de lui.

Parfois même, cela pourrait exacerber une certaine paranoïa. Qui est avec nous ? Qui est contre nous ? Les rivalités, les victimes et les bourreaux s'opposent dans un duel fratricide. Les termes « victimes » et « bourreaux » sont fréquemment utilisés dans les ouvrages de psychologie, dont celui de Guy Corneau, *Victime des autres, bourreau de soi-même*.

À la suite d'une annonce de changement (un ou plusieurs), une forte démobilisation, et donc une démotivation, prend place. Une baisse d'énergie significative liée à la peur de l'inconnu, au doute, à l'incompréhension, à la déception, au sentiment d'injustice et à la colère se fait sentir, provoquant un fort impact individuel, puis collectif.

Après plusieurs interventions en tant que consultante au sein d'entreprises de différents secteurs qui vivaient des changements, j'ai pu mesurer l'impact de la perte de repères, la détresse relationnelle et psychologique que cela entraîne, mais aussi les conséquences professionnelles de ces situations en termes de qualité relationnelle, d'écoute, de motivation, de comportements plus ou moins sévères et de défiance. Plus les changements s'opèrent dans le quotidien, plus les tensions montent.

Il est important de se protéger et de se préserver d'un climat chaotique et parfois même hostile. Toutes les stratégies sont bonnes. Et le chacun pour soi est de rigueur. J'ai pu observer que la principale préoccupation est de préserver son poste, son environnement et ses acquis. Comment peut-on conserver après le changement ce qu'on avait avant le changement ? C'est impossible, car au milieu il y a un changement.

Certaines personnes dites proactives vont tirer parti de ce changement pour rebondir, changer d'orientation et créer elles-mêmes un nouveau changement... Pour elles, le changement est une occasion de conquête, de dépassement de soi. Pour d'autres, ce sera le repli, la critique et le rejet.

Le temps de l'acceptation

Le temps d'acceptation et d'adaptation aux nouvelles données de l'environnement est différent d'une personne à une autre, selon son histoire, sa personnalité ainsi que son rythme. Vivre plusieurs changements consécutifs replonge inéluctablement dans les différentes émotions décrites précédemment. Avec de l'entraînement, leur impact est moindre. Cette adaptation se vit dans le stress (peur, angoisse, inquiétude) et avec l'apparition d'émotions plus ou moins exprimées.

Gérer son stress de manière positive, et donc constructive

On peut transformer un stress inhibant en stress positif et constructif.

- Comment créer, favoriser et mettre en place les conditions de succès qui favoriseront le stress constructif ?
- Quels sont mes besoins ? Me détendre, faire du sport, en parler, sortir et passer une soirée en compagnie ? Seul ?

- Quelle pourrait être dans la situation que je vis en ce moment la meilleure attitude à avoir?
- Quelle serait la stratégie la plus adaptée au contexte ou à mes ressources actuelles?
- Comment me donner les moyens de le faire?

Autant de questions qui peuvent nous faire prendre conscience des impacts du stress sur les changements que nous devons gérer, mais aussi de l'importance de prendre un recul nécessaire pour penser et réfléchir aux meilleures stratégies et ressources dont nous disposons. Cet exercice peut se faire lors de promenades dans la nature, par exemple, en retrait et au calme pour laisser libre cours à notre réflexion et à nos idées en dehors du contexte lui-même.

La gestion de nos propres émotions, un atout considérable

Il faut reconnaître et nommer nos émotions lorsqu'elles nous habitent, nous traversent, nous bouleversent. Les appréhender et les utiliser à bon escient ou limiter leur impact. Comment utiliser nos émotions efficacement? Comment nous adapter au plus près de ce que nous ressentons véritablement pour mieux vivre et gérer nos émotions?

Faire preuve d'intelligence émotionnelle

Qu'est-ce que l'intelligence des émotions?

Le concept d'intelligence émotionnelle a été créé en 1990 par Salovey et Mayer, puis largement diffusé grâce au célèbre ouvrage de David Goleman, *Emotional Intelligence*, paru en 1995. Il s'agit d'une forme d'intelligence sociale qui repose sur notre propension à déceler, à reconnaître nos propres émotions ainsi que celles des personnes avec lesquelles nous interagissons. Elle nous aide à nous ajuster aux émotions en présence de part et d'autre.

Nous allons pousser plus loin notre compréhension des enjeux liés à la gestion des émotions afin d'en faire un atout supplémentaire dans nos vies. Cet atout facilitera la compréhension de ce que nous vivons pour pouvoir ressentir et exprimer nos émotions. Il nous permettra aussi, selon le contexte et les personnes concernées par nos changements, de nous ajuster, de ne pas forcer, bousculer ou causer des dommages.

Faire preuve d'intelligence émotionnelle, c'est se doter d'un outil très utile de gestion de crise, de conflit et de confrontation. En ayant cette aptitude et cette attitude, nous nous ouvrons de nouvelles possibilités de développer des relations humaines de bien meilleure qualité avec les personnes que nous rencontrons dans notre parcours de changements.

Pour illustrer cela, imaginons-nous dans certaines situations délicates de stress entre deux personnes, provoquées par de la colère et de la frustration, par exemple. Faire preuve d'intelligence émotionnelle pourra dans ce cas précis nous permettre de nous distancier des émotions en présence afin de diminuer le niveau de tension présent. Une fois cette compréhension faite, que faire? Notre comportement, grâce à notre intelligence émotionnelle, pourra être, par exemple, de dire à la personne concernée: «Écoute, je ne crois pas que nous puissions discuter dans de bonnes conditions aujourd'hui. Donnons-nous la chance de remettre cette rencontre à un autre moment. Es-tu d'accord?» Ainsi, chacun aura le temps de prendre du recul, de digérer sa frustration, de comprendre les raisons de cet état émotionnel et de s'exprimer différemment la prochaine fois, de manière plus constructive.

Si l'on ne sait pas reconnaître les émotions en présence, le scénario pourrait être le suivant: un ton de voix qui pourrait monter, des mots qui pourraient dépasser notre pensée; et finalement, cette rencontre pourrait se terminer par un désaccord encore plus profond, voire une dispute, générant ainsi un état émotionnel encore plus perturbé. Les chances pour l'avenir s'amenuiseraient, ce qui rendrait cette relation encore plus délicate à gérer dans le futur.

Cela peut paraître assez simple sur le papier. En situation et aux prises avec nos émotions et celles de notre interlocuteur, l'approche est beaucoup moins évidente. Notre instinct naturel pourrait être de «foncer dans le tas», de ne pas nous laisser marcher sur les pieds, d'avoir raison à tout prix, de défendre notre honneur ou d'être orgueilleux, ne pensez-vous pas?

Faire preuve d'intelligence émotionnelle s'apprend, puis se met en pratique. Les premières tentatives ne sont pas toujours évidentes. Notre corps est un immense récepteur; à partir des signaux perçus, nous allons déclencher une ou plusieurs émotions: joie et bonheur, surprise et peur. Puis, notre corps les traduira en rougeurs et en sudation lorsque nous aurons le trac ou que nous serons anxieux, ou encore en éclat de rire lors d'une immense joie inattendue. À nous de les repérer au plus vite, de les reconnaître – ainsi que celles de notre interlocuteur – et de nous ajuster au plus près des possibilités offertes dans cette relation.

L'intelligence émotionnelle consiste, selon Daniel Goleman, à accepter nos émotions pour développer une intelligence nouvelle. Il existe en effet plusieurs types d'intelligence : verbale, logico-mathématique, musicale, pratique, ainsi que les aptitudes intrapersonnelles et interpersonnelles.

Faire preuve d'intelligence intrapersonnelle, comme le préfixe l'indique, c'est être capable de déceler, de discerner ses propres sentiments, de faire des choix responsables et d'orienter ses comportements de manière appropriée et respectueuse des autres. Cette gestion de soi comprend (selon Salovey, Mayer et Goleman) la conscience de soi, la maîtrise de soi, la flexibilité, la motivation, la résilience et la gestion du stress.

- *La conscience de soi* fait référence à votre aptitude à vous percevoir de manière positive et réaliste, à être authentique et à avoir un niveau de confiance en vous suffisant pour avancer dans la vie et gérer les difficultés que vous affrontez.

- *La maîtrise de soi* repose sur votre intégrité, sur votre capacité de faire des actes réfléchis et de tenir vos engagements, sur le respect d'une certaine discipline personnelle (prendre soin de vos besoins physiologiques, de votre santé en général, de vos équilibres) et sur votre habileté à regarder objectivement vos erreurs et à savoir en tirer profit.

- *La flexibilité* traduit l'aisance que vous saurez avoir dans l'ambiguïté, votre ouverture d'esprit face à la différence, à une décision contrariante ou à une situation subie. Il s'agit aussi de votre capacité de travailler seul ou en équipe. Elle met enfin en évidence votre ingéniosité et votre débrouillardise.

- *La motivation* repose sur un fort besoin d'accomplissement, sur l'optimisme et l'esprit d'initiative dont vous faites preuve ainsi que sur la gestion d'une certaine indépendance saine pour construire votre route.

- *La résilience*[6] est votre habileté à utiliser l'ensemble de vos ressources (dynamisme, enthousiasme, pragmatisme, écoute, etc.) afin de vous adapter aux situations difficiles et d'en tirer profit pour votre évolution. Pour certains, la résilience est la capacité, par exemple pour des enfants victimes de maltraitance physique ou psychologique, de dépasser leur souffrance et leurs blessures

---

6. Sujet traité dans les ouvrages de Boris Cyrulnick, ethnologue, neuropsychiatre, directeur de l'enseignement à l'Université du Var (Toulon, France) et écrivain français.

pour en tirer profit et construire un nouveau chemin en tant qu'adultes en recourant à certains *patterns* pour se libérer et vivre pleinement leur vie. Ces personnes ont une grande force. Elles ont dépassé leur peine pour se réconcilier profondément avec la vie, dans la confiance.

- *La gestion du stress* est une aptitude à développer pour mobiliser vos compétences et vos ressources disponibles afin de faire face aux situations délicates et génératrices de tensions. Une bonne condition physique et de saines habitudes de vie (sport, détente, relaxation, contact avec la nature, etc.) facilitent la gestion du stress.

L'intelligence interpersonnelle, quant à elle, est notre capacité de comprendre autrui sans jugement et de faire ainsi preuve :

- d'*empathie* en étant à la fois dans l'écoute active de nos besoins et dans la reconnaissance et le respect des différences ainsi que l'ouverture à la diversité ;

- d'*engagement* dans un projet et en assumer la responsabilité en étant capables de nous mobiliser et de mobiliser les autres ;

- de *sociabilité* en sachant donner une rétroaction, en assurant la gestion des conflits et en nous assumant tels que nous sommes sans heurter et sans nous diminuer ;

- de *tolérance* en étant capables de reconnaître et de respecter les divergences d'opinions, de points de vue, de philosophies de vie, de valeurs, et en faisant preuve de patience ;

- de *persuasion* en prenant en considération les points de vue des autres et en offrant, par notre attitude, des possibilités de consensus et de compromis ;

- de *leadership*, l'habileté à diriger un groupe dans une quête de performance, mais aussi de croissance personnelle.

L'intelligence émotionnelle recouvre beaucoup d'habiletés psychologiques et relationnelles. Ce terme est encore trop peu usité même si, grâce au livre de Daniel Goleman ainsi qu'aux formations de plus en plus nombreuses sur le sujet, cette dimension humaine est en train d'être reconnue dans le monde des organisations comme une compétence à part entière.

Les gestionnaires dotés de cette qualité d'être se différencient sensiblement des autres. Des enquêtes faites au sein d'entreprises ont montré que les personnes qui travaillent avec des dirigeants faisant preuve de ce type d'intelligence s'investissent et s'accomplissent davantage. Ces derniers peuvent être des modèles inspirants, car l'intelligence émotionnelle – ainsi que le leadership, l'audace et la passion qu'elle démontre – fait d'eux des leaders charismatiques.

L'intelligence émotionnelle est une dimension émergente dans nos préoccupations actuelles et dans la qualité des relations recherchées dans tous les domaines de nos vies. Elle est l'intelligence du cœur, contrairement à celle de la tête, caractérisée par le QI. Vous pouvez augmenter votre QE (quotient émotionnel) et en bénéficier dans toutes vos relations (amicales, familiales, professionnelles, sociales et de couple). Cela ne dépend que de vous.

En réalisant les aptitudes que vous possédez déjà ainsi que celles que vous développerez au fur et à mesure de vos expériences et de votre vécu professionnel et personnel, vous augmenterez petit à petit votre niveau de conscience de qui vous êtes réellement. Se connaître est une base saine pour prendre en main sa vie et pouvoir ainsi faire des choix judicieux et cohérents qui seront plus satisfaisants, plus riches.

C'est ce que les psychologues appellent la métacognition. Je dirais de manière très personnelle que la métacognition est la dimension intime de la maturité intellectuelle et psychologique qui nous permet de relier et d'articuler nos leçons de vie, notre expérience, au-delà d'une simple assimilation mentale et intellectuelle des contenus et des apprentissages, qui peuvent être émotionnels aussi. Par exemple, détecter au cours d'une conversation dans quelle émotion on est («Je me sens tendu... nerveux... anxieux... heureux...») est une expérience en soi, car ce n'est pas un réflexe. Cette pratique du ressenti ouvre la porte aux possibilités de l'intelligence émotionnelle; à ce moment-là, on devient beaucoup plus conscient. Cela implique des liens de compréhension plus personnels liés à l'histoire de l'individu, entre autres, et à sa faculté de comprendre mais surtout d'intégrer émotionnellement ce qu'il comprend et ce qu'il vit.

Ainsi, la connaissance de soi facilite et optimise les apprentissages, l'adaptation et les ajustements nécessaires. Elle permet de savoir tirer profit des échecs, des erreurs, de la non-performance, de la souffrance vécue et des déceptions. Elle assure ce juste recul par rapport à la vie et aux événements pour qu'on puisse se positionner ou tenter à nouveau en se donnant davantage de chance. Elle implique et favorise l'apprentissage de l'humilité.

La gestion de soi, comme vous l'aurez compris, ouvre des portes nouvelles : pouvoir dépasser des situations ou des relations difficiles, mais aussi se dépasser soi-même afin de s'accomplir dans tous les domaines de sa vie. La gestion de soi est considérée comme la première étape avant d'être en interaction avec autrui.

Vous percevez, j'en suis sûr, les nombreux avantages du recours à votre intelligence émotionnelle. En plus de ce que nous venons de voir, elle permet d'accéder à un bien-être psychologique, favorise un meilleur équilibre entre la vie professionnelle et personnelle, donne accès à plus de créativité et est très utile dans l'exercice du leadership. L'intelligence émotionnelle est donc une réponse en termes de capacité d'adaptation et d'ajustement à nos émotions, plus ou moins intenses selon les changements vécus, selon les réactions, et ce, afin de générer une qualité d'échanges tout à fait nouvelle et constructive.

L'intelligence émotionnelle nous ouvre grandes les portes de relations humaines de meilleure qualité, enrichissantes et pacifiées.

Comment apprendre à gérer nos émotions en situations de changement ?

Comment apprendre à gérer nos émotions en limitant les interférences perturbatrices et en les transformant, mais également en développant celles qui vont aider, faciliter et renforcer notre parcours ? Mieux gérer nos émotions et être à même de mieux percevoir celles des autres est un atout. Cette capacité est surtout gage d'un plus grand respect dans les relations humaines, celui de la différence, car nous avons tous des émotions aussi différentes que nous-mêmes.

L'intelligence des émotions est un atout supplémentaire et complémentaire, une solution pertinente afin de mieux appréhender et gérer l'ensemble des émotions dont nous avons parlé précédemment et que nous traversons lors des processus de changement. C'est aussi prendre conscience de nos émotions et de l'impact qu'elles peuvent générer sur les autres. C'est une manière de nous respecter dans ce que nous vivons. Certaines prédispositions, valeurs et qualités vont faciliter le développement de notre aptitude à faire preuve d'intelligence émotionnelle.

Le respect

Le respect des incompréhensions, de la peine des autres, de nos différences, pour donner sa chance à chacun, pour éviter les *a priori*, les jugements négatifs prématurés et pour donner une chance à chaque relation, à chaque rencontre, même si pour certaines d'entre elles le chemin sera très court.

L'authenticité

La seule façon de s'accomplir est d'Être.

Lao-Tseu, philosophe chinois (570 à 490 avant J.-C.)

Être le plus possible fidèle à soi-même, ce qui implique de se connaître. S'engager à être fidèle à ses projets et à ses aspirations, même si cela peut engendrer des sacrifices ou des efforts. Plus on est authentique, plus en s'entoure de personnes qui nous correspondent et nous font évoluer à leur contact. Se mentir à soi-même, et par la même occasion mentir aux autres, amènera tôt ou tard une inéluctable déception. Comment parvenir à être authentique?

Mon expérience m'a démontré que seul le temps nous permet d'arriver à cette prise de conscience et à ce recul, et cela, grâce aux expériences, aux épreuves de la vie et en acceptant de nous découvrir dans nos zones d'ombre et de lumière. Impossible de se réveiller un beau matin et d'être devenu authentique! C'est tout un chemin! L'authenticité nous fait toucher du doigt la vérité. Notre propre vérité. Celle de nos forces, de nos limites, de nos désirs profonds, de nos aspirations, de nos rêves sans faux-semblant dans la découverte de soi. Quelle belle quête!

La compassion

Un changement est par définition dérangeant pour soi, mais aussi pour les autres. «Mais enfin, pourquoi veux-tu partir?» L'entourage cherche à comprendre nos motivations, nos moteurs et, parfois, peut nous faire douter. Il faut accepter les remarques négatives, le soutien parfois timide, voire presque absent. Il faut accepter qu'une décision dérange profondément, sans juger ni se justifier. J'ai appris à ne pas sous-estimer le pouvoir de la pression sociale et familiale.

Vous faites un choix qui vous est propre; vous êtes libre; vous êtes acteur de votre vie, et cela peut déranger. Ce constat est essentiel. Les manifestations, aussi diverses soient-elles: la joie sincère, la peine de perdre, l'agressivité, l'ironie ou la dérision impliquent qu'il faut gérer et surmonter beaucoup d'émotions à la fois; les vôtres et celles des autres. Le mot «compassion» prend toute sa dimension quand les émotions des autres prennent le pas sur vos émotions à un moment où les vôtres sont très présentes. En un mot, il faut parfois être en mesure de rassurer quelqu'un au moment où vous en avez le plus besoin...

La compassion a aussi beaucoup de signification lorsque vous devez accepter que certaines personnes que vous aimez ne vous comprennent pas, voire vous rejettent. La compassion, c'est essayer de pardonner, de ne pas leur en tenir rigueur. Un jour viendra où peut-être, ce n'est pas sûr, elles comprendront et respecteront vos choix.

Accepter l'autre là où il en est, sans le juger à notre tour, en acceptant sa souffrance, ses incompréhensions, ses valeurs et ses convictions personnelles différentes des nôtres.

Le non-jugement

C'est un mot magnifique qui résonne divinement bien aux oreilles, n'est-ce pas ? Le non-jugement est, dans ma représentation des choses, la définition de la sagesse. À quel âge devient-on sage ? Peut-on accélérer le temps ? C'est un travail de réflexion, une approche chargée d'humanisme et de spiritualité.

Chacun a sa propre représentation du jugement, de ce qui en est un, de ce qui ne l'est pas. Les courants de pensée humanistes et leurs représentants s'entendent pour nous donner un cadre de référence. À nous de nous l'approprier ou non : c'est notre libre arbitre.

L'empathie

Selon la définition du *Petit Robert*, il s'agit de la «faculté de s'identifier à quelqu'un, de ressentir ce qu'il ressent». Être à l'écoute et réceptif à l'autre dans l'ouverture, dans le dialogue avec bienveillance, respect et non-jugement. Faire preuve d'empathie est, je trouve, une des plus belles façons de rencontrer l'autre dans sa différence. Cette attitude favorise les échanges constructifs et permet des rencontres de qualité, profondes et riches.

Le retrait salutaire

À un moment donné, il devient important de ne plus se frotter, pour un certain temps, aux personnes qui ne nous comprennent pas. Inutile de gaspiller son énergie et son temps à convaincre, à justifier, à expliquer, car ils sont précieux dans des situations de changement très exigeantes. C'est une façon de rester centré, concentré, et de ne pas se laisser heurter par des remarques extérieures qui seraient déstabilisantes, voire blessantes.

Il vaut mieux être seul que mal accompagné ! C'est pendant une période de changement que j'ai réalisé à quel point avoir des amis est essentiel. Ils nous comprennent, car ils nous connaissent bien, ne nous jugent pas et nous encouragent par la confiance qu'ils nous témoignent. Ils sont des appuis et des points d'ancrage importants dans l'existence. Je leur suis très reconnaissante de leur présence à mes côtés.

La présence

C'est la présence que l'on a, mais surtout celle que l'on accorde aux autres par notre écoute et notre disponibilité. C'est ce que l'on dégage inconsciemment dans le non-verbal, l'attitude et le comportement. Elle est notre reflet. C'est aussi l'attention que l'on porte au moment présent, à la personne avec laquelle on parle. C'est être pleinement conscient de l'instant, du lieu, de notre rapport avec l'environnement et de nos interactions avec les autres.

Comment aborder la gestion émotionnelle avec intelligence et efficacité en situation de changement?

La gestion émotionnelle en situation de changement consiste à solliciter nos différentes aptitudes émotionnelles en les choisissant soigneusement en fonction du contexte, des préoccupations et de l'interlocuteur, de manière à utiliser la plus appropriée dans l'instant. Il peut d'ailleurs y en avoir plusieurs en même temps. Il est vraiment nécessaire de se les approprier, à défaut de les intégrer totalement (ce ne peut être le cas, sinon nous serions tous béatifiés sur-le-champ!).

L'utilisation de ces aptitudes devient de plus en plus naturelle avec l'expérience et quand on fait le choix conscient d'agir et de se comporter ainsi. Nous sommes tous et toutes responsables de la qualité de nos relations humaines et des interactions que nous avons, de nos succès et de nos maladresses de communication. Nul n'est parfait, bien sûr, l'important est d'en être conscient! Il faut agir en conscience et avoir recours aux aptitudes émotionnelles que nous aurons pris soin de cultiver.

Comment accompagner nos changements?

Comment un accompagnement de type coaching, par exemple, peut-il accroître notre potentiel de développement et faciliter nos changements? Qu'est-ce que le coaching, au sens où nous l'entendons ici? Il s'agit de l'accompagnement d'une personne ou d'une équipe dans la gestion d'une transition, d'une difficulté professionnelle ou personnelle, d'un changement à amener. Le coaching donne les moyens à la personne accompagnée de rester en phase avec elle-même et son environnement. Il permet d'appréhender la nouvelle situation et de rétablir l'équilibre. Utilisé depuis longtemps en entreprise, le coaching est de plus en plus prisé et réglementé grâce à des certifications reconnues par les professionnels. Il ne s'agit aucunement d'une thérapie. La distinction est nette. L'éthique autour de ce métier et de ses pratiques est très claire.

Avez-vous déjà expérimenté un accompagnement de ce type, que ce soit dans un contexte professionnel ou personnel ? Si ce n'est pas le cas, je vous propose un éclairage pour situer le cadre d'intervention des coachs. Chacun possède son propre cadre de référence issu de Palo Alto, de la systémique, de l'analyse transactionnelle ou de la programmation neurolinguistique (PNL). Ces différentes approches offrent des outils au coach pour vous accompagner, ainsi qu'une méthode d'intervention (processus). Il choisira son école de formation et ses outils selon ses expériences, ses préférences de communication et sa sensibilité.

J'ai eu recours au coaching à plusieurs reprises dans des situations de changement d'ordre identitaire, plus délicats et qui impliquent davantage. Vouloir avancer seul, c'est selon moi perdre un temps précieux et risquer de s'égarer en chemin. La présence d'un coach, personne par définition neutre, éclaire, facilite les prises de conscience ainsi que les passages à l'acte pour la plupart difficiles à déclencher. N'hésitez pas à vous donner les moyens de réussir et de mieux vivre les changements multiples qui se présentent à vous.

Les professionnels de l'accompagnement vous guideront en fixant un cadre dans lequel vous vous sentirez protégé, dans la confidentialité et la bienveillance. Ils seront aussi à même de vous permettre de voir plus loin, d'oser y croire, de reprendre confiance en vous, de lever les freins et d'évacuer les obstacles sur votre route. Le travail ainsi fait vous fera retrouver confiance, motivation et force pour entreprendre, oser, prendre des risques et de nouvelles décisions.

Une fois à nouveau en possession de vos moyens, vous ne verrez plus la situation de la même manière... Votre regard changera, ainsi que votre attitude et vos comportements. Le chemin de la personne coachée est celui de l'autonomie. Son principal objectif est de sortir des dépendances, des *patterns* et des cycles répétitifs pour se développer par elle-même et trouver sa propre voie. C'est le but profond d'un coaching.

Trouver en nous et autour de nous l'empathie et la compassion

L'empathie et la compassion des personnes à qui nous parlons de nos changements sont très importantes, car dans ces moments-là, c'est si rassurant et réconfortant d'échanger avec des gens qui ont déjà vécu plus ou moins la même situation.

Nous appuyer sur nos forces

Il est important d'être capables d'entendre et de recevoir les messages de soutien et d'encouragement autour de nous, l'estime des personnes qui croient en nous et que nous reconnaissons. Ces encouragements sont un carburant précieux, utile pour poursuivre la route.

Apprendre à gérer nos émotions et nous entraîner

Apprendre à gérer nos émotions, dès que nous les distinguons, demande de l'entraînement. Dès que des émotions négatives ou paralysantes surgissent, il faut apprendre à ne pas leur laisser de prise, savoir les minimiser ou les court-circuiter très vite. Plus elles auront d'espace, plus elles s'installeront, et plus il sera difficile de prendre du recul, de s'en détacher et de ne pas se laisser heurter, consciemment ou non.

Expérimenter le lâcher-prise

Un coach nous y invite autant que possible, pour que nous laissions le passé au passé et que nous poursuivions notre route. Cette expérience est l'une des plus difficiles. Il y a plusieurs chemins pour vivre le lâcher-prise: il vous faut trouver le vôtre. Il existe des enseignements spirituels, le bouddhisme par exemple, mais aussi des ouvrages consacrés au sujet. Cela peut également se faire par l'intermédiaire de techniques de relaxation: yoga, sophrologie, travail spécifique en piscine, massage thérapeutique, etc. Savoir lâcher prise, pratiquer le détachement est un atout précieux dans la vie. Grâce à cet état d'être, la plupart de vos contrariétés, de vos émotions perturbatrices pourront être dépassées. Bientôt, de moins en moins d'aléas sauront perturber votre paisible attitude face à la vie.

Être lucide

Savoir évaluer les difficultés – sans les minimiser – tout en prenant en compte les satisfactions et les récompenses à venir. Faire la part des choses et voir le verre à moitié plein aussi! La lucidité, alliée à l'optimisme, donne de très bons résultats. Un coaching vous permettra de renforcer vos aptitudes personnelles afin d'être en mesure de faire des choix éclairés et en accord avec qui vous êtes et vos aspirations (voir la 4e clé : «Développez et renforcez vos aptitudes personnelles» au chapitre 7, à la page 147).

Quelques idées clés

- Ressentir nos peurs, nos angoisses, nos doutes; éloigner les images préfabriquées, les pensées et croyances qui nous limitent et nous en détacher. Quelle libération! Quelle ouverture!

- Apprendre à reconnaître et à apprivoiser nos émotions et celles des autres afin de nous ajuster au plus près des émotions de chacun; autrement dit, savoir faire preuve d'intelligence émotionnelle.

- Prendre conscience des potentialités qui sommeillent en nous, des ressources dont nous disposons et du pouvoir que cela nous donne; vivre tout simplement ce que nous avons à vivre.

- Nous avons tous le pouvoir d'agir en conscience et d'avoir recours à nos aptitudes émotionnelles en prenant soin de les cultiver.

• • •

Après avoir pris conscience des émotions qui nous habitent, qui nous freinent ou, au contraire, qui nous libèrent, il nous sera plus facile de traverser et de dépasser certaines résistances ou difficultés. Nos émotions sont un puissant moteur de changement. La gestion émotionnelle et les aptitudes qu'elle offre sont déjà en soi un immense atout. Quels sont les autres bénéfices que nous réservent les changements de notre vie?

Nous allons découvrir dans le chapitre qui suit que ces bénéfices sont un acquis et qu'ils nous seront profitables dans tous les champs de notre vie. Alors, partons à la découverte des atouts révélateurs de nos personnalités et de nos aptitudes. Ils rendent manifeste notre caractère unique!

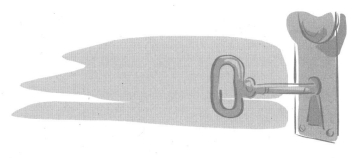

CHAPITRE 6

Oser changer.
Quels sont les bénéfices?

*On ne peut prétendre être vivant
que si notre cœur est conscient de ses trésors.*

Thornton Wilder

Les bénéfices liés à l'audace et aux changements entrepris sont proportionnels à la difficulté et la complexité gérées. Certains d'entre eux peuvent être au-delà de nos espérances. Ils sont à la fois :

* *multidimensionnels,* car ils touchent à de nombreux domaines et champs de votre vie ;

* *insoupçonnés,* car nombreux sont les bénéfices qui ne sont pas perceptibles au début de l'aventure. *A posteriori,* c'est un émerveillement de les découvrir ;

* *révélateurs* de ce que vous avez en vous, de vos aptitudes à être en lien, à vous adapter, à évoluer et à vous transformer ;

* *déterminants* pour votre évolution professionnelle et personnelle. Ces découvertes vous invitent à investiguer de nouveaux territoires. L'orientation même de votre vie s'en trouve changée.

C'est un concentré d'expériences, de vécu, de connaissances et d'émotions, qui vous invitent en permanence à repenser, à réévaluer et à réorienter vos différents savoirs : vos connaissances, votre savoir-faire (adaptation à la nouveauté, apprentissages, perfectionnement), votre savoir-être (qualités de communication interpersonnelle, attitudes, valeurs, croyances, convictions) et votre savoir émotionnel (vous autoriser à ressentir, à suivre votre intuition, à vous émerveiller et à vous émouvoir).

JOIE

ESTIME

APAISEMENT

PLAISIR

BONHEUR

HUMANITÉ

AUTHENTICITÉ

SIMPLICITÉ

HARMONIE

SATISFACTION PERSONNELLE

ENTHOUSIASME

ÉLANS

ENVIES

FÉLICITÉ

C'est une aventure d'une immense richesse dont la force est qu'elle n'est pas ostentatoire. Elle est un trésor qui vit et se développe en vous, un chemin de vérité personnelle.

La conduite et l'aboutissement de changements multiples développent et renforcent un sentiment d'estime de soi, l'envie de vous renouveler, de vous dépasser et de partager ce vécu avec d'autres personnes. C'est une occasion unique de développer vos potentialités, d'aller à leur rencontre, de les stimuler, de les confronter et de les renforcer.

Ce chemin vous invite à devenir une meilleure personne pour vous-même et pour les autres. Plus ouverte, plus lucide, plus confiante, plus soucieuse des autres, plus tolérante, plus compatissante, tout simplement plus humaine.

Pour aborder les bénéfices de ces changements, nous allons les évoquer et les décrire à partir des champs de savoirs que vous connaissez déjà. Ainsi, vous pourrez mesurer et réaliser à quel point il vous est possible d'apprendre et d'évoluer encore et toujours...

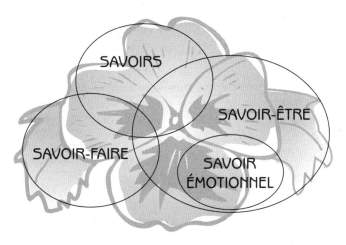

Vos savoirs

Quels sont vos savoirs ? Que d'apprentissages, que de nouvelles connaissances liées aux changements et à la nouveauté vous attendent : «Le changement est à la fois un processus de désapprentissage et d'apprentissage[7].» Il existe plusieurs types d'apprentissage. Il peut

---

7. Extrait de *Systémique et entreprise*. Jacques-Antoine Malarewicz, Les éditions Village Mondial, 2005.

s'agir d'acquérir des connaissances nouvelles liées, par exemple, aux connaissances intrinsèques sur un nouveau métier, une nouvelle entreprise, la culture d'un pays avec ses différences, ses us et coutumes ou les lois en vigueur. Cela peut vous paraître peu, voire banal, naturel ou insignifiant, alors qu'en mesurant l'ensemble de ces nouvelles connaissances, vous réaliserez à quel point une période de changement a été fructueuse et enrichissante.

L'apprentissage passe aussi par l'entraînement, par l'expérience elle-même et la découverte *in situ*. En vous entraînant, vous pourrez recueillir et acquérir de nouvelles informations dans vos repères au quotidien, par exemple, ou par l'éthique, les rituels, les fonctionnements organisationnels d'usage ainsi qu'en découvrant les personnes : vos nouveaux collaborateurs et dirigeants ; leur personnalité, leurs habitudes et leurs champs d'expertise.

L'acquisition de nouvelles connaissances demande de gros efforts de concentration, de compréhension et d'assimilation. Ce sont des périodes très exigeantes, car bien souvent elles sont rattachées à des enjeux importants, par exemple garder ou obtenir un emploi, réussir une intégration sociale, culturelle, professionnelle ou assurer sa survie matérielle et financière dans un nouveau contexte de vie. Il faut donc apprendre vite et bien, car on est évalué et les retombées seront notre point d'assise.

En effet, côtoyer une autre culture organisationnelle, pouvoir additionner ses connaissances d'un environnement à un autre est une occasion de s'enrichir considérablement et un atout distinctif.

Vos *savoir-faire*

Vos changements sont un terreau fertile pour faire des apprentissages nombreux et variés ; qu'ils soient personnels ou professionnels, vous allez les expérimenter et les acquérir. C'est une occasion unique de mettre vos acquis à profit pour faciliter ou optimiser vos changements, par exemple en mettant de l'avant vos compétences en communication, en recrutement, en organisation, en coordination de projets, en négociation, etc.

Le contexte de changement va aussi vous permettre d'en développer d'autres dans les différentes situations auxquelles vous allez être confronté. Vous augmenterez ainsi votre capital de savoir-faire. Ils seront de plus en plus nombreux, variés et, pour certains, transposables dans de nombreux autres domaines, par exemple la facilité à mettre en œuvre concrètement vos projets et à trouver de plus en plus facilement les ressources dont vous avez besoin (contacts, finances), votre aptitude à faire du réseautage de manière efficace et productive, des compétences de gestionnaire de projets, vos habiletés de communicateur, etc.

Vos talents et vos futurs savoir-faire se révéleront devant la nouveauté à laquelle vous devrez faire face, une nécessaire adaptation qui vous poussera au-delà de vos propres limites, une occasion unique de vous dépasser et de les repousser. Vous allez aussi vous surprendre à découvrir l'ensemble des ressources insoupçonnées que vous possédez déjà et que vous sollicitez peu. Devant les enjeux et les défis qui se dressent devant vous, vos savoir-faire seront valorisés et vous permettront d'accéder à un autre niveau de réflexion, d'engagement et de responsabilité. Un chemin d'évolution et de progression se dessinera alors pour vous.

Il ne faut cependant pas sous-estimer l'adaptation et ses difficultés. Pour l'avoir vécu lors de changements de vie personnelle et professionnelle en même temps, je sais que je ne mesurais pas à l'époque les impacts ainsi que les efforts et les apprentissages qui venaient s'ajouter à ceux de l'adaptation elle-même. Par conséquent, si vous changez à la fois de pays et de métier, accordez-vous du temps, celui d'être en pleine possession de vos moyens intellectuels, physiques et psychologiques, car cette situation démultiplie les besoins, le niveau de stress, de tension et de résistance.

Autrement dit, la stratégie des petits pas est vivement recommandée le temps de l'adaptation culturelle, personnelle ou organisationnelle avant de se lancer d'autres défis. Certains repères peuvent s'avérer différents et surprendre ; ainsi, il faut s'accorder à nouveau le temps et le recul nécessaire pour les assimiler. Votre capacité d'adaptation va s'élargir et se solidifier au fil des expériences. Elle va vous permettre d'augmenter significativement votre niveau de résistance au stress et votre créativité.

Votre savoir-être

Votre regard sur la vie change

L'un des tout premiers bénéfices intrinsèques qui me vient à l'esprit est l'ouverture. Aller à la rencontre de l'inconnu, découvrir, explorer donnera de nouvelles perspectives à votre vie. Votre regard en sera changé, ainsi que vos priorités de vie. L'importance que vous accorderez aux événements, aux choses, aux situations ne sera plus la même.

C'est un peu comme si votre ordinateur interne effectuait une sorte de «réinitialisation» de votre programmation d'origine.

Changer vous permettra de découvrir de nouveaux points de vue, de nouvelles perceptions; d'explorer de nouvelles cultures, des modes de vie et de vous enrichir de cette différence; d'appréhender le non-jugement, la force des *a priori* au-delà de la compréhension intellectuelle, en étant à leur contact chaque jour.

Une des conséquences bénéfiques des changements est une grande leçon d'humilité et d'humanisme. Respecter l'autre dans sa différence. Cette image est magnifique, mais au-delà des mots, les comportements et les actes parlent d'eux-mêmes et nous confrontent à nos propres limites.

Vous vous offrez un nouveau territoire d'expression

Cette ouverture vers l'inconnu et la nouveauté favorise l'ensemble des possibles, le moment privilégié d'une vie où l'impensable devient réalité. Quelle dynamique incroyable et stimulante! Place à votre créativité! À vos talents de s'exprimer! Explorez! Partez à la conquête! Créez! Innovez! Est-il possible de rassembler autant de ces critères dans un contexte donné? Oui. «Changer, c'est rendre possible l'impossible[8].»

À la rencontre d'une nouvelle *liberté d'être et d'agir*

L'élan que suscitent les changements de vie alimente votre liberté parfois oubliée, voire ignorée: votre liberté d'agir, de penser autrement, d'inventer et de vous redéfinir. Vous situer dans un nouveau cadre de travail ou de vie vous offre de nouvelles perspectives et vous ouvre de nouveaux horizons.

Vos valeurs évoluent

Vous allez vous confronter à votre propre réalité et à celle des autres (toutes les personnes que vous découvrez et qui s'apparentent à vos changements). Chaque rencontre, chaque échange, chaque point de vue, chaque différence culturelle contribue à revisiter vos croyances, vos convictions afin d'apprendre sur vous et sur les autres pour ne plus vous limiter à *votre* vérité ou à la croyance de la détenir. Vos représentations évoluent et votre cadre de références s'élargit.

---

8. Extrait de *Systémique et entreprise*. Jacques-Antoine Malarewicz, Les éditions Village Mondial, 2005.

Prenez conscience de votre besoin d'accomplissement

Vous allez comprendre et réaliser l'œuvre d'une (re)construction, des différentes étapes que vous aurez franchies, pour aboutir tôt ou tard à une situation plus sécurisante dans laquelle vos principales fondations seront en place. Puis, ce sera à nouveau la quête pour aller encore un peu plus loin afin de satisfaire d'autres de vos besoins, dont ceux de vous réaliser pleinement dans ce que vous entreprenez afin d'aboutir à un épanouissement personnel authentique.

Aller au bout de ses rêves est l'expérience de la réalisation de soi la plus marquante, quels que soient les enjeux matériels ou sociaux.

Prenez conscience du sens

Autrement dit, privilégiez la quête et le sens afin de développer une nouvelle richesse intérieure par le biais des expériences artistiques, culturelles, sociales et humanitaires, parfois même au détriment d'une reconnaissance sociale ou financière, ou encore d'une visibilité extérieure. C'est le choix que vous pouvez faire en vous autorisant à changer pour autre chose, une autre vie, une autre philosophie ou un autre mode de vie afin de privilégier *l'être*.

Combien de personnes renoncent à une vie matérielle confortable et rassurante pour s'investir dans des causes qui donnent du sens à leur vie. Il ne s'agit pas seulement de cas marginaux, mais également de choix volontaires de s'engager dans des causes plus larges, et ainsi de donner, de partager, de transmettre et de recevoir autrement.

Faites-vous confiance et... lâchez prise !

Cet apprentissage vous sera très aidant et facilitera la gestion des changements qui vous plongeront dans l'inconnu, l'insécurité et la complexité. Une fois cette maîtrise de soi acquise, elle vous sera d'un précieux secours et pourra ainsi vous servir en toute circonstance et en tout temps. Vous la posséderez *ad vitam æternam*.

Cela vous aidera à relativiser, car dans certains cas la prise de risques est très élevée, c'est-à-dire que vous changez plusieurs repères de votre vie en même temps. En y réfléchissant bien, on peut alors se demander : qu'avez-vous réellement à perdre ? Que risquez-vous lorsque vous prenez autant de risques ? Rien.

Vos changements multiples vont vous permettre d'aller au-devant et au-delà des peurs et des croyances qui vous limitent («Jamais je n'y arriverai, je ne suis pas à la hauteur», etc.). Par conséquent, être capable de ce recul sur les événements et sur la vie en général va naturellement renforcer vos convictions, votre confiance en vous et votre estime personnelle.

Vers une plus grande connaissance de vous-même

Avez-vous remarqué à quel point, dans des situations imprévues, vous faites intuitivement ou spontanément appel à vos ressources cachées? «Ah bon! J'ai pu le faire! Je suis capable de cela! Jamais je ne l'aurais imaginé sans l'avoir vécu!» Vous pourrez ainsi découvrir et tester vos forces, vos potentiels, vos atouts, vos talents en les expérimentant dans l'exercice du changement, tout en vous révélant qui vous êtes. La conséquence très bénéfique sera alors de réaliser que vous pouvez oser aller plus loin ou au plus près de vos aspirations et être légitime.

Vous vous autoriserez aussi à exprimer et à vivre vos aspirations, car vous possédez les ressources en vous. Vous pourrez ainsi capitaliser sur elles et les valoriser. Vous découvrirez également vos limites; vous serez confronté à elles et ce sera en soi un apprentissage important (à titre personnel) que de les admettre et de les reconnaître, tout simplement.

Laissez-vous surprendre, pour mieux vous découvrir

Souvent, le stress, l'inquiétude, l'euphorie, c'est-à-dire des registres émotionnels variés et intenses, vous font prendre conscience de qui vous êtes vraiment. Réaliser ainsi quels seraient les attitudes et les comportements à ajuster pour être plus authentique dans votre communication et vos interactions avec autrui est un beau cadeau en soi. Réaliser à quel point vous êtes capable, et découvrir que vous avez les ressources pour vous dépasser au-delà des limites que vous vous fixez dans votre vie.

Comme nous le disait Marie, «la naissance d'un enfant est un tel mélange de vie et de mort, de peurs et de joies, d'histoires passées et d'avenir, de soi et des autres, de tellement de choses universelles et si uniques à la fois que c'est une grande désorientation. On découvre à cet instant que l'on ne s'appartient plus, que notre monde s'est agrandi, que la vie est précieuse, que notre enfant est beaucoup plus que nous-mêmes. On se sent puissant et totalement vulnérable à la fois. Immense et si fragile. La vie prend alors une autre saveur; on se sent des ailes, on peut agir pour quelqu'un; on veut se montrer fort, aimant, attentif et sortir de son giron».

Quel magnifique accomplissement! Quel dépassement de soi, au-delà des peurs, de la mort et au nom de la vie!

Découvrez votre authenticité

Faire preuve de plus d'authenticité dans nos façons d'être et de faire, n'est-ce pas là un atout majeur dans la vie d'un être humain ? Être vrai sans chercher à paraître ou à prouver. Être soi-même tout simplement. Cette authenticité, soutenue par du leadership (autre qualité à développer dans les changements de votre vie), peut vous permettre de développer du charisme. Ce savoir-être est rare.

Renforcez votre autonomie

Votre chemin d'autonomie va se dessiner au fur et à mesure que vous vous éloignerez, que vous vous détacherez des objets, des habitudes, des fonctionnements et des personnes du passé afin de pouvoir faire les vrais choix, et donc les meilleurs, en fonction de vos aspirations sans qu'il s'agisse d'attentes déguisées de votre entourage, qu'il soit social, professionnel ou familial, afin d'accéder à une spirale de réussites, et non d'échecs.

L'échec serait plutôt de ne pas avoir trouvé son chemin en tentant de faire comme si. Accéder à l'authenticité nécessite d'être autonome et plus détaché ; cela facilitera les prises de décision qui en découlent.

Créez votre vie !

Profitez de votre regard neuf sur votre environnement, sur votre vie et sur vous pour redéfinir, repenser et recréer votre vie autrement. Si vous avez déjà changé, avez-vous réalisé à quel point il vous est aujourd'hui impossible de « copier-coller » votre vie passée sur celle que vous vivez aujourd'hui, ou d'imaginer un instant faire marche arrière et revenir au point de départ ? Cela n'aurait plus aucun sens !

Prenez le temps de constater la part de créativité que vous avez apportée à votre vie, à votre quotidien, à votre organisation personnelle et professionnelle, à votre rythme de vie, à vos activités, etc. Il est incroyable de réaliser à quel point vous pouvez vous renouveler encore et encore... La créativité est une source inépuisable. Elle se trouve aussi chaque jour dans votre façon de penser et d'inventer votre vie. Laissez-la être féconde !

Devenez plus audacieux : osez !

Une fois les changements acceptés, votre liberté d'action est totale. Tentez ! Osez ! Allez là où cela paraissait impensable dans un autre contexte de vie, là où les priorités étaient tout autres et l'engrenage bien huilé. Osez vous rencontrer! Osez vous dévoiler à vous-même et aux autres! Et tentez de nouveau! Et recommencez encore!

Une femme dont je rapporte le témoignage dans un chapitre précédent a eu cette expérience aussi au moment du changement vécu lors de sa séparation. Elle sait aujourd'hui qu'elle possède, selon ses propres mots, une nouvelle aptitude à « oser davantage », à « prendre davantage d'initiatives et de décisions seule en me faisant confiance », à « mieux me connaître » et à « m'affirmer ».

Soyez sur votre chemin de vie

La reconstruction offre un élan, une énergie nouvelle. C'est vous sentir à nouveau en vie, dans la conquête et dans le respect de qui vous êtes. Être tout simplement fidèle à vous-même afin d'imaginer et de créer votre chemin personnel, en étant acteur de vos choix, des orientations de vie que vous prenez à un moment donné et qui modifient la suite des événements. Tous les scénarios, et donc tous les choix de vie, sont possibles à partir du moment où ils vous correspondent. Une philosophie empreinte de sagesse, non?

À la découverte de votre savoir émotionnel

Changer peut aussi être un contexte favorable pour redécouvrir votre enfant libre – expérience rare! –, la partie libre que vous viviez lorsque vous étiez enfant, autrement dit la part de spontanéité, d'esprit fertile où l'imaginaire a toute sa place. L'enfant libre est par définition sans censure et sans retenue.

C'est un beau cadeau en tant qu'adulte d'être en mesure de laisser s'exprimer vos talents, vos émotions et vos élans spontanés; de vous autoriser à ressentir, à suivre votre intuition, à faire preuve d'intelligence émotionnelle et, par conséquent, de développer votre QE (quotient émotionnel). Reconnaître vos émotions, les accepter est une manière de vous découvrir, de grandir pour être au plus près de vous-même et de votre intériorité.

Prise de conscience et intelligence émotionnelle

En faisant preuve d'intelligence émotionnelle dans votre vie, vous prendrez de plus en plus conscience de vos émotions et de celles des autres, vous donnant ainsi la chance d'améliorer la qualité des relations humaines que vous développez et de surmonter plus facilement les entraves, qu'elles soient relationnelles ou non.

C'est une chance inouïe de pouvoir faire des choix et de poser des actes de plus en plus en accord avec qui vous êtes profondément afin d'être congruent. Qu'apporte la congruence ? La sérénité et la force d'être en accord avec ses valeurs, ses pensées et ses actes, autrement dit être authentique.

Quel sentiment d'accomplissement que d'arriver à ressentir et à vivre cela ! Vous sentirez à quel point vous avez le sentiment d'avoir trouvé votre chemin, votre place sur cette planète. En augmentant votre niveau de conscience de qui vous êtes et de ce que vous voulez réellement dans la vie, vous pourrez mettre à profit votre pouvoir personnel pour devenir celui que vous voulez être profondément.

Il ne s'agit pas ici d'entrer dans un rôle social, de choisir une voie qui vous valorise aux yeux des autres, en recherchant consciemment ou non leur assentiment. Dans ce cas, votre quête serait celle de vous faire aimer d'eux, ou de ne pas les décevoir. Dans ce scénario, vous ne seriez pas totalement vrai et libre.

Soyez acteur de votre vie. Démarquez-vous. Prenez des risques. Affirmez-vous. Choisissez et tracez votre chemin d'évolution personnelle. Fiez-vous à vos rêves, à vos aspirations profondes, à vos valeurs intrinsèques, et laissez-les s'exprimer. Partez à la conquête de votre vie ! Personne ne pourra le faire à votre place...

L'expérience de la transformation intérieure

Tel un parcours initiatique, le processus de transformation comprend plusieurs cycles ou étapes. À l'abri dans votre cocon, vous sentez nombre d'émotions, de sensations et de ressentis se succéder, laissant place à une avancée, à une réflexion nouvelle, aux idées, à un regard différent ; et, petit à petit, un profond changement intérieur s'opère.

Les changements, petits ou grands, procurent une profonde satisfaction, celle d'avoir su, d'avoir pu et d'avoir voulu. Cette satisfaction est source de joie, d'euphorie, d'enthousiasme, d'instants de bonheur simple, de paix profonde face aux enjeux et aux défis relevés. Ils contribuent à nous solidifier, à nous consolider par la maturité, l'expérience et le vécu qu'ils nous offrent.

De chaque changement nous sortons grandis. Tous sont porteurs d'apprentissages, quel que soit le domaine. Il y a tant à apprendre de la vie, au cœur de celle-ci, au cœur des hommes, mais aussi au cœur des difficultés et des réussites. Après un changement, puis un autre, nous évoluons tellement qu'il devient évident que nous ne sommes plus et que nous ne serons plus jamais les mêmes personnes qu'avant.

Il dépend de chacun d'entre nous de suivre ce chemin d'évolution et de transformation pour nous développer, nous ouvrir à la compréhension profonde de la nature humaine et du monde dans lequel nous vivons. C'est en nous confrontant à lui, en le défiant que nous pouvons apprendre à le connaître vraiment. Il ne faut pas avoir peur de vaincre pour nous libérer et vivre pleinement.

De son changement culturel Amir a appris beaucoup de choses.

« Être capable de mettre une barrière entre ma vie et celle de mes parents ou celle qu'ils souhaitaient pour moi, de prendre conscience qu'il existe plusieurs cultures afin de mettre en perspective le monde dans lequel on a l'habitude de vivre.

On ne se rend pas compte que l'on ne connaît pas autre chose. Les choses ne vont pas de soi; la culture que l'on nous inculque n'est pas naturelle, ce n'est qu'une manière de se comporter parmi d'autres. Choisir d'appréhender une autre culture m'a permis de m'extraire pour regarder autrement.

Quant au bénéfice, j'ajouterai que ce fut de me mettre en phase avec mes convictions. L'ouverture vers une nouvelle culture, de nouvelles personnes, de nouveaux points de vue; il s'agit d'un champ d'investigation plus large, plus subtile, plus nuancé et de plus de matière pour le développement personnel, car le miroir est plus grand.

Je mesure aujourd'hui tout le bénéfice des deux cultures en prenant le meilleur de chacune. Changer de culture m'a permis de me voir avec un autre miroir et de m'accepter, d'accepter mon image. J'ai pu ainsi rester fidèle à moi-même et à mes valeurs.

Je retiens de cette période de ma vie le plaisir de me frotter aux autres, de découvrir le sens des mots "fraternité" et "liberté", à la fois de penser et d'être. On s'enrichit les uns les autres de nos différences culturelles. Finalement, il n'existe qu'une seule culture : la culture humaine. »

Quelques idées clés

- Grâce aux changements de votre vie, vous allez développer ou renforcer certaines de vos aptitudes, dont :
  - votre capacité d'adaptation aux situations, aux événements et aux personnes ;
  - vos compétences ;
  - vos connaissances personnelles, intellectuelles, artistiques, culturelles, etc. ;
  - une réelle facilité à gérer vos futurs changements grâce au vécu ;
  - votre sociabilité, votre entregent ;
  - votre efficacité personnelle et votre leadership ;
  - votre créativité.

- Vos changements vont vous offrir l'occasion de modifier en profondeur certains de vos comportements ou certaines attitudes, dont :
  - votre ouverture aux autres ;
  - votre capacité d'oser, d'exprimer vos convictions, vos opinions ;
  - votre authenticité ;
  - votre humilité ;
  - une attitude plus positive et confiante envers la vie.

• • •

Doutez-vous encore des nombreux bénéfices des changements dans votre vie ? Maintenant, comment vous donner les moyens de les réussir ? Et si nous abordions vos facteurs de réussite avec une approche ludique ! Imaginons que vous ayez des clés en main et que vous les choisissiez soigneusement afin d'ouvrir grandes les portes qui vous mèneront au succès de vos multiples changements de vie...

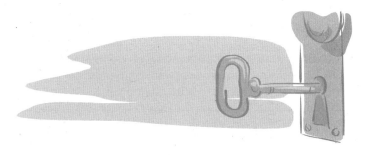

Choisissez vos clés de succès

Pourquoi des clés? J'ai envie de vous répondre: pourquoi pas? En fait, cette idée me fait sourire. Pourquoi les changements ne seraient-ils pas ludiques? C'est aussi une manière de considérer qu'il n'y a pas de recette toute faite et applicable à chacun; chaque individu est libre de choisir, de prendre ou de laisser les clés qui se présentent à lui.

Une clé est essentielle à l'ouverture d'une porte sur l'infini. Nous sommes les seuls à savoir ce qu'elle ouvre et à le découvrir...

Je vous en propose huit:

1re clé: Donnez vie à vos envies.

2e clé: Osez!

3e clé: Mettez à profit l'ensemble de vos connaissances.

4e clé: Développez et renforcez vos aptitudes personnelles.

5e clé: Consolidez vos fondations.

6e clé: Apprenez à gérer et à amplifier votre énergie.

7e clé: Puisez à la source de votre créativité.

8e clé: Célébrez!

Vos clés de succès pour réussir vos prochains changements

Être engagé dans plusieurs changements en même temps ou sur une courte durée implique un investissement personnel fort, que les changements soient subis ou voulus. Ils ne nous laissent pas indifférents et nous sollicitent beaucoup dans toutes les phases : avant, pendant et après.

Je vous propose, grâce à l'usage de clés qui pourraient vous servir à ouvrir de nouvelles portes dans vos vies, un plan de développement personnel afin de vous donner les moyens de réussir vos changements. Pour chacune de ces clés, je vous suggère différents éclairages selon le sujet. J'ajoute également quatre points d'observation : les attitudes correspondantes, le processus, une illustration ainsi que le retour d'expérience. Chaque clé ne traite pas nécessairement de tous ces points, mais seulement de ceux qui me paraissent les plus pertinents pour en faciliter la compréhension et l'appropriation.

Attitudes. Elles décrivent les attitudes, les comportements ou les ressentis que vous pouvez avoir dans les situations présentées.

Processus. Il permet de situer ce qui se passe à l'intérieur de vous, d'un point de vue physiologique ou psychologique, et présente les différentes phases sous-jacentes.

Illustration. Elle rend l'explication plus concrète et plus vivante par l'intermédiaire de liens avec mon témoignage personnel, présenté au chapitre 1, ou à travers d'autres exemples de vécu.

Retour d'expérience. Ce retour est le fruit d'un vécu. Il vous permet de garder à l'esprit le but à atteindre et de ne pas vous disperser.

 **1re clé :   Donnez vie à vos envies**

> *Mieux vaut vivre ses rêves que rêver sa vie.*
> Antoine de Saint-Exupéry

Attitudes

Depuis quand ne vous êtes-vous pas autorisé à rêver votre vie, à retrouver votre âme d'enfant qui ne percevait pas les contraintes, les dangers et le pouvoir de l'influence sociale ? En acceptant de faire ce voyage au cœur de vos aspirations, vous ouvrirez la porte à ce rêve, oui, à ce vieux rêve enfoui ou ignoré. Vous savez, cette petite voix qui nous a tous dit : «Un jour, je serai... Un jour, je ferai...»

Se laisser aller à croire aux possibles qu'offre la vie, à l'imaginer dans notre réalité d'adultes. Se libérer et ressentir cette liberté de choix, d'action et d'être!

Illustration

Encore une fois, aller au bout de ses rêves demande tellement de ressources qu'on ne va pas se limiter ou s'interdire des choses. Il est plus que jamais question d'oser. Je me disais alors dans mon for intérieur : «Finalement, qu'est-ce que j'ai à perdre étant donné que tout est derrière moi? Rien. Il se pourrait que je m'apprête à vivre le meilleur!»

J'ai donc avancé sur mon chemin avec cette croyance et cette confiance. Et effectivement, les portes se sont ouvertes les unes après les autres. La vie était douce, belle et si généreuse. Je n'en croyais pas mes yeux. Devenir qui nous sommes est, de mon point de vue, l'un des plus beaux cadeaux de la vie. À ce moment précis de mon existence, ma vie prit tout son sens.

Retour d'expérience

Pouvons-nous changer de lunettes, de regard, et nous dire : «Eh bien, justement, étant donné que la société est ce qu'elle est, qu'ai-je à perdre de tenter?» Attendre, ignorer et fuir ne fait que renforcer le sentiment de peur. Plus le temps passe, plus cela peut nous paraître insurmontable : «Je n'ai plus l'âge pour cela»; «J'ai des enfants, je ne suis pas seul; alors, je ne fais plus vraiment ce que je veux», etc. Nous nous sommes tous dit cela un jour. C'est une façon de se protéger; il s'agit parfois de la première étape avant de s'élancer!

Donner envie à ses envies est courageux et en même temps si salutaire souvent que l'on se dit : «Mais pourquoi ne l'ai-je pas fait plus tôt?» Pensez à un rêve et demandez-vous pourquoi vous l'avez mis de côté. Tous les rêves peuvent-ils se réaliser? L'idéaliste que je suis parfois dirait : oui, bien sûr. Mais le plus important est d'avancer à son rythme, avec les possibilités du moment pour se donner tous les moyens de réussir. À la suite de mes expériences, j'ai constaté que plus les rêves ont été risqués et m'ont impliquée, plus le succès et son impact ont été proportionnels.

Alors, sans plus attendre, fixez-vous un cap à l'horizon!

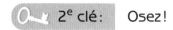 2ᵉ clé :   Osez !

Attitudes

Oser. Derrière ce mot si court, si simple se cachent de nombreuses peurs, des interdits implicites ou explicites, conscients ou non, qui sont le fruit de notre éducation, de notre héritage culturel au sens large ou de notre histoire personnelle. Oser. Sortir de sa pudeur, de sa retenue, de sa gêne ; porter son attention plus loin, sous le regard plus ou moins approbateur des autres. Se faire confiance, croire en son intuition et aller au-delà des apparences souvent trompeuses, pour enfin s'exprimer pleinement et librement ; pour agir, penser, créer, innover, entreprendre, inventer, se révéler, se donner de nouvelles perspectives, ouvrir de nouveaux champs de réflexion personnelle, se connaître, rencontrer l'autre dans sa différence, découvrir, explorer, expérimenter et donner ainsi sens à nos vies.

Oser est *libérateur, facilitateur* et *révélateur* de qui nous sommes, de nos potentiels, de nos forces de vie, de notre pouvoir personnel et de son impact.

Oser...

Oser aller au bout de sa quête personnelle.

Oser croire en ses idéaux.

Oser aller à la rencontre de ses forces et de sa vulnérabilité.

Oser imaginer sa vie.

Oser vouloir un monde où l'humain et les valeurs humaines sont au cœur de nos vies, de nos préoccupations, de nos actions quotidiennes.

Oser croire en la fraternité, en l'amour, en la générosité désintéressée.

Oser avoir confiance.

Oser la différence.

Oser s'affirmer dans sa différence, et donc dans son unicité.

Finalement, oser *être*, tout simplement, sans fioriture ni fausse pudeur, et passer à l'action !

Comment passer du rêve à la réalité ? Comment passer de la fiction à l'action ? L'action sera facilitée par le regard que l'on porte sur nos changements : sont-ils facteur de circonstances opportunes ou de menace ?

Processus

- S'autoriser à sortir de sa zone de confort, prendre des risques pour aller un peu plus loin dans ses défis personnels ou ses aspirations secrètes. Rêver, y croire profondément. Leur donner une réalité, les faire exister. N'est-ce pas excitant, stimulant et motivant ?

- Mettre de côté les peurs, les doutes, les opinions et le regard des autres pour se concentrer sur sa propre aventure. Se fier à son intuition et à ses rêves.

- Tenter et risquer permet le dépassement à tous points de vue : intellectuel, physique, émotionnel ou spirituel. D'ailleurs, bien souvent, plus la prise de risques est élevée, plus le résultat est au-delà des espérances. Elle doit cependant être évaluée d'abord et correspondre au pas que vous pouvez franchir, car l'idée n'est pas ici de vous surexposer et de vous mettre en situation d'échec dès le départ. La prise de risques doit être ambitieuse, bien sûr, mais atteignable à plus ou moins court terme.

  Par exemple, si vous tentez comme simple navigateur du dimanche de vous inscrire au prochain départ du Vendée Globe (course de navigation), imaginez le résultat ! Vous courez à la catastrophe ! L'idée ici est d'aller un pas plus loin, de franchir une marche, de se mettre au défi personnellement. Il est important cependant d'être conscient que de multiplier les zones d'inconfort peut demander de grands efforts et parfois conduire à un épuisement plus ou moins dangereux. Se lancer un défi : oui. Être en mesure de le relever : oui. Multiplier les défis sur une même période : prudence !

- Agir sans hésiter et avec confiance pour ne pas laisser les doutes s'installer.

- Renouveler l'expérience aussi souvent que souhaité. Vous êtes maintenant en possession de vos moyens !

Illustration

Je décidai de vivre la grande aventure ! De faire le pas ! Le moment était venu, je le savais. Je me sentais attirée par une force irrésistible... J'envisageais donc cette perspective avec un bonheur non dissimulé. Je poursuivis mon activité professionnelle en cours jusqu'à son échéance, puis... le départ. [...] Mais le moment était bien choisi dans ma vie, mon changement identitaire professionnel était fait, pas de famille à charge. Libre, j'étais libre de le vivre pleinement.

Pourtant, tout au fond de moi, je savais, oui, je savais qu'il s'agissait d'un grand départ dans mon existence. Peut-être même de celui que j'attendais dans la continuité de tous les autres. Il avait tellement de sens à mes yeux et dans mon cœur. Il était temps de partir à la conquête de ma vie de femme. [...]

Ma quête... Réaliser ce rêve qui me tenait tant à cœur. Partir à l'aventure, à la découverte d'un autre pays, d'autres cultures, modes de vie et valeurs, à la rencontre de l'humain dans sa différence et sa richesse. Je partais telle une exploratrice, une aventurière, celle que je suis, au fond. À la conquête d'une vie nouvelle. À la conquête de ma légende personnelle. [...]

Apprendre à se connaître, à connaître ses désirs et ses limites afin de faire des choix au plus près de ce que l'on désire et de pouvoir ainsi s'affirmer. Un changement identitaire personnel comme celui-là, c'est décider à un moment de son existence de choisir de vivre la vie qui nous convient, donc non seulement de vivre (au sens d'être plus vivant), comme dans le cas du premier changement personnel raconté précédemment, mais de le faire ailleurs et autrement.

Quelle belle autorisation envers vous-même que celle d'accepter d'être authentique et de sortir d'un leurre parfois pseudo-protecteur pour ensuite oser l'authenticité avec les personnes que vous côtoyez, pour leur offrir l'accès à qui vous êtes dans la spontanéité d'un sourire, d'un bonjour ou d'un geste désintéressé, tout simplement.

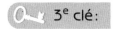 **3ᵉ clé :** ## Mettez à profit l'ensemble de vos connaissances

Attitudes

Quelles sont les connaissances, les expériences et les compétences professionnelles que je possède pour m'aider à mettre en œuvre mes changements en cours ou à venir ? Comment professionnaliser mes démarches ? Comment organiser et optimiser les étapes de mes changements en utilisant mes ressources personnelles liées à mon vécu personnel, professionnel, associatif, social, familial ou autre ?

Nous ne réalisons pas assez souvent l'ensemble des acquis, des savoirs, des connaissances, des savoir-faire et des pratiques que nous possédons. L'expérience des multiples changements est l'occasion d'en prendre la pleine mesure. Dans ces situations plus délicates, instables et génératrices d'insécurité, nos ressources sont des appuis solides et, surtout, elles ne dépendent que de nous; elles nous permettent de maîtriser une partie du processus.

Retour d'expérience

Je vous propose en synthèse les huit étapes clés à retenir : elles commencent toutes par la lettre *p*.

1. Se préparer

Comme nous l'avons vu précédemment, se préparer est une donnée fondamentale dans la future réussite de son projet. Cette préparation porte sur sa définition claire, sa planification ainsi que la préparation psychologique afin d'être en mesure d'assumer pleinement les impacts liés aux changements.

Un travail de préparation de fond est nécessaire, notamment dans le cadre de changements d'ordre identitaire avec l'accompagnement d'un professionnel compétent (coach ou psychologue). Cela peut représenter des mois, voire plusieurs années. Il s'agit du temps de maturation nécessaire pour réunir l'ensemble des ressources dont vous allez avoir besoin par la suite.

Quant à la préparation lors de la mise en œuvre sur le terrain, elle implique d'être prêt pour les différentes rencontres que vous allez faire sur votre chemin afin de faire preuve de professionnalisme et de vous montrer tel que vous êtes.

- Se donner du confort.
- Optimiser l'impact et la pertinence.

2. Prioriser

Se donner des objectifs clairs, atteignables et mesurables pour se voir progresser. Une fois les objectifs et le plan d'action en tête, il reste à définir les priorités d'action. Pourquoi ? Pour accroître l'efficacité des démarches entreprises, tout simplement. Les changements dont nous parlons démultiplient les possibilités, les occasions, et il est facile de se laisser emporter par le courant et de perdre de vue le cap. C'est aussi une occasion donnée et inespérée de redéfinir les choses essentielles et importantes de sa vie afin de relativiser la notion d'urgence.

- Rester concentré et optimiser.

3. Projeter

J'ai déjà longuement fait état de la notion de sens, fondamentale pour construire et élaborer des projets, qu'ils soient personnels ou professionnels. Projeter permet de réfléchir aux notions de sens et de vision ainsi qu'à la part de rêve qui y est associée. Choisir un changement ou le subir peut être un déclencheur pour opter pour un nouveau cap.

* Donner une vision et un sens indispensables à l'appropriation.

4. Planifier plusieurs projets

Chaque changement est un projet en soi, qui en implique d'autres. Il s'agit alors de mener de front plusieurs projets à contenu différent, à évolution et à rapidité différentes. Cela peut impliquer un éventuel bilan de compétences, l'activation de son réseau professionnel, une recherche d'emploi, des entretiens de recrutement, etc.

Gérer de multiples changements personnels, c'est mettre en pratique une vraie gestion opérationnelle de projets. Par exemple, vous passez avec succès un entretien d'embauche qui aboutit à une réponse positive. Cette réponse va déclencher tous les changements qui s'ensuivent, en cascade, c'est-à-dire changer de lieu de vie pour vous rapprocher du bureau ou d'un aéroport (si vous voyagez à l'étranger), changer de voiture ou en acheter une pour les déplacements, changer de repères professionnels (bureau, collègues, habitudes, culture d'entreprise, rituels). Mais peut-être aussi changer de rythme de vie: sommeil, alimentation (restaurant, hôtel), loisirs (moins nombreux pendant un temps, absence de congés la première année). Une multitude de petits changements qui ne semblent pas porter à conséquence pris un à un, mais qui, une fois l'addition faite, représentent un facteur de stress et un effort d'adaptation important.

Dans cet exemple, je ne parle même pas de l'adaptation intellectuelle: de nouvelles connaissances, un vocabulaire spécifique et des pratiques professionnelles à acquérir; comprendre et assimiler le fonctionnement interne, les règles, les savoir-faire, les pratiques spécifiques, etc. Le bilan n'est pas anodin.

Gérer l'ensemble de ces changements et les différents projets qu'ils impliquent revient à:

* *se fixer des objectifs.* Garder le cap défini;
* *mesurer l'avancement et la performance.* Ne pas perdre de vue la gestion des indicateurs: budget, temps, planification et ressources. Se diagnostiquer;

- *rester concentré*. Redéfinir les priorités, prendre du recul afin de ne pas se disperser, et bien gérer son emploi du temps pour avoir des soupapes afin de décompresser. En être conscient et s'accorder le temps de recul nécessaire;
- *communiquer efficacement*. Sur les projets, les changements, les objectifs poursuivis. Être clair, synthétique et précis. Faire connaître aussi sa personnalité, les signes distinctifs qui nous différencient afin de communiquer avec authenticité, car l'authenticité se sent et fait toute la différence. Faire preuve d'exigence envers soi-même pour optimiser l'impact et la pertinence. Être professionnel en toute circonstance;
- *se faire connaître*. Une façon rapide et efficace est d'intégrer des réseaux à la fois professionnels et d'influence afin de cerner rapidement l'environnement dans lequel on évolue, le marché et ses acteurs. Déployer ou développer ses talents de gestionnaire de projets. Être en lien.

5. *Performer*

Avoir opéré l'ensemble des changements que vous souhaitiez est déjà une performance en soi. Bien souvent, l'entourage immédiat (professionnel ou personnel) ne perçoit pas les efforts faits, les difficultés surmontées, parfois les montagnes que vous avez eu à déplacer pour arriver là où vous êtes. Ne l'oubliez pas. Les retours, les signes ne viennent pas seulement de l'extérieur, mais aussi de votre capacité de reconnaître pour vous le chemin parcouru, les étapes et les obstacles franchis.

Il faut performer d'abord pour soi, sans attendre de reconnaissance, juste pour la satisfaction de l'accomplissement; privilégier l'efficience, c'est-à-dire d'optimiser encore davantage la synergie entre les projets, entre les acteurs, l'environnement et les attentes implicites ou explicites. Par exemple, certains réseaux peuvent se recouper; il est intéressant au départ de prendre le temps de cibler précisément les plus pertinents. Il faut accroître votre efficacité dans toutes les actions du quotidien, car le temps n'a pas de prix et dans le cas de changements en cours, le temps, c'est votre stabilité à venir, votre équilibre, voire votre survie économique!

- Prendre du plaisir à découvrir et à apprendre.
- Être efficient.

6. Se positionner

En s'autoévaluant et en demandant une rétroaction, il est plus facile de savoir rapidement où et comment se situer par rapport aux interlocuteurs, aux différents projets et aux diverses compétences demandées; cela permet de pouvoir s'ajuster au mieux. Il serait illusoire de croire – même si cela peut arriver parfois dans notre parcours – que tout arrive et tout de suite. Il faut de la persévérance, de la ténacité et une formidable motivation.

Se positionner, c'est aussi se mettre au bon niveau de communication avec ses interlocuteurs et faire ainsi preuve d'adaptabilité, de flexibilité et d'empathie. Se positionner, c'est enfin choisir son camp (ses champs d'intervention et ses interlocuteurs).

- Se déterminer afin de pouvoir l'exprimer clairement.
- S'affirmer dans ses choix malgré les risques et les incompréhensions que cela peut susciter autour de soi.

7. Avoir du plaisir

Les personnes que l'on croise le sentent. Avez-vous déjà expérimenté cela? Le plaisir est un facteur d'énergie et de succès que l'on oublie trop souvent. Le plaisir lié à la réalisation de projets procure du réconfort, nourrit notre vitalité et notre enthousiasme. À nous de le stimuler et de le rechercher en faisant les bons choix.

L'illustration qui me vient serait celle du clown. En effet, ce personnage particulier ne parle pas: il montre ses émotions sur son visage, transmet et communique. Dans ce cas, imaginez qu'il passe des larmes au rire; et tout à coup, il s'anime, il prend vie.

- Ne pas contenir sa source de plaisir et de joie.

8. Prendre en main et développer sa force intérieure

Même si la performance et la reconnaissance tardent à venir, l'essentiel est de l'avoir fait! D'avoir réussi à opérer les changements essentiels dans sa vie. La réussite procure un tel sentiment d'accomplissement et de réalisation de soi qu'elle génère une grande énergie et une force indéniable. Dans différentes approches de communication interpersonnelles, on parle aussi de solidification, de consolidation, d'ancrage et d'alignement.

Se sentir en accord avec ses choix de vie, donc cohérent et congruent, crée une dynamique positive sans précédent. D'ailleurs, une certaine attraction émane de soi, une expérience intéressante à vivre.

- La ressentir.

 **4ᵉ clé :**   ### Développez et renforcez vos aptitudes personnelles

Nos potentialités sont inouïes. La force des changements multiples est de nous permettre d'en faire l'expérience, de les découvrir, et donc d'en prendre conscience.

Attitudes

Quelles sont les aptitudes personnelles qui peuvent être des clés de succès considérable dans la découverte et l'appropriation des différents changements ? Il s'agit davantage ici de comportements et d'attitudes qui nous permettront de mieux vivre ce qui nous arrive – surprises et épreuves –, mais aussi de nous transformer et d'évoluer vers des relations de plus grande qualité et plus vraies.

1. L'autonomie

Chemin par excellence de développement personnel (qu'il s'agisse de thérapie ou de coaching) afin d'être de plus en plus responsable de ses choix et de ses orientations, de devenir acteur à part entière de sa vie et de s'éloigner petit à petit des dépendances affectives, matérielles ou sociales.

Dans le cas de changements voulus, il peut s'agir d'autonomie dans la prise de décision, la mise en œuvre de ses choix et la capacité financière de les assumer seul. L'autonomie se mesure aussi dans le champ de la maturité psychologique; autrement dit, dépasser les dépendances aliénantes pour vivre pleinement les changements sans remords, ni frustration ou manque.

2. L'humilité

C'est une bonne alliée.

3. L'écoute

L'écoute est un atout, en particulier l'écoute active, c'est-à-dire savoir, entre autres, questionner et reformuler. Être disponible et attentif apporte beaucoup. Cela peut permettre de percevoir des signes infimes dans le non-verbal de la personne afin de mieux la comprendre ou la connaître.

4. Une meilleure connaissance de soi

Apprendre à mieux se connaître, c'est être en mesure de reconnaître objectivement ses points forts, ses limites, ses zones d'inconfort, ses besoins, ses désirs et ses aspirations. Cela permet de mieux rebondir dans le cas de changements subis et procure plus de confiance en soi.

Mieux se connaître nous assure d'aller plus en profondeur dans les questions de sens et de valeurs intrinsèques. Mieux se connaître facilite également la gestion des différents changements en cours.

5. L'intuition

Albert Einstein a écrit: «Le mental intuitif est un don sacré et le mental rationnel est un serviteur fidèle. Nous avons créé une société qui honore le serviteur et a oublié le don.» La force et l'impact de l'intuition sont considérables. Apprenez à la cultiver en l'expérimentant, pour en prendre conscience et lui faire confiance.

6. Le lâcher-prise

Cet état d'être de plus en plus évoqué, dans les médias notamment, reste cependant encore difficile à décrire. Je vous invite à le vivre, à le ressentir. Seule l'expérience de cette représentation nous assure d'en prendre toute la mesure et la profondeur.

Dans certaines situations de changement, nous ne maîtrisons pas nécessairement le processus de décision, par exemple dans le cas d'une embauche, de démarches d'immigration, ou encore d'achat ou de vente d'une maison. Savoir lâcher prise permet de se détacher de l'attente, des angoisses créées par de telles situations pour continuer à avancer plus sereinement. Mettre en place des activités personnelles peut être une bonne manière de lâcher prise, de se détendre, de vider les tensions et de se ressourcer. Vous pouvez aussi créer vos propres trucs et astuces pour y arriver (balades dans la nature, cours de danse africaine, massage, yoga, qi gong, acupuncture, sophrologie, etc.).

7. L'adaptabilité

Plus la flexibilité et l'adaptabilité seront grandes, plus il sera facile de s'approprier le nouveau contexte sans en souffrir ou être déçu. En fait, il ne faut pas avoir trop d'attentes, d'idées préconçues. Laissez place à la surprise de la découverte et de l'émerveillement. Cette aptitude est très utile lors de nombreux changements à gérer en parallèle: il faut jongler et être souple!

8. *L'aptitude à socialiser*

Socialiser, c'est créer des liens, faire des rencontres nouvelles. Entrer au cœur de la foule permet de ressentir une culture et de prendre le pouls. La sociabilité, c'est aussi le plaisir de découvrir l'autre, les individus dans leurs différences et de s'en enrichir. Des relations humaines à grande échelle! *In situ*. Avec toutes les valeurs associées que cela sous-entend: le respect, la tolérance et la bienveillance.

9. *Le leadership*

Il importe de renforcer son influence informelle auprès de ses interlocuteurs, de mettre en œuvre sa capacité de susciter l'intérêt, de convaincre et d'être proactif. Il faut oser!

10. *Le pragmatisme et la lucidité*

C'est se fixer des objectifs réalistes et atteignables. C'est privilégier l'approche du pas à pas.

Processus

Toutes ces aptitudes comportementales et relationnelles sont à découvrir, à développer et à renforcer par un travail de connaissance de soi et de ses limites afin de les dépasser. Comment? En se questionnant en profondeur, avec ou sans l'appui d'un professionnel, et en l'expérimentant au quotidien.

5e clé: Consolidez vos fondations

Attitudes

Quelques mois après le changement opéré, vient le temps attendu et espéré de la stabilisation, de la consolidation des repères à la fois quotidiens, professionnels et personnels ainsi que des acquis (connaissances, compréhension, apprentissages réalisés au cours de la phase de découverte et d'immersion). Quelles sont alors mes fondations? Où en suis-je dans mes changements? À quelle phase? Quels sont les objectifs déjà atteints? Mes priorités sont-elles toujours les mêmes? Quels sont les freins et les handicaps surmontés? Quels sont ceux à franchir?

Une fois fait ce petit bilan de la situation, c'est l'approche par palier, marche après marche, en sécurisant l'acquis. Il est temps de mettre en place des balises à la fois matérielles, financières, professionnelles, personnelles et affectives. Il s'agit aussi de stabiliser les repères de vie au quotidien : choix du quartier, accès, services, etc. Qu'il s'agisse d'un nouvel emploi dans une nouvelle entreprise ou d'un déménagement, cette prise de repères est essentielle à notre fonctionnement et à notre gestion du temps. Tout redécouvrir demande beaucoup de temps. Les liens créés vont permettre de générer ce sentiment d'appartenance dont nous avons tous tant besoin.

Processus

La consolidation correspond aux trois étapes postchangements que nous avons vues précédemment : bilan, stabilisation, création. L'inconfort et l'instabilité générés par les changements de nos vies nous incitent à un moment donné à rechercher à tout prix une zone de stabilité et une relative quiétude afin de reprendre notre souffle et de pouvoir nous appuyer sur quelque chose.

L'équilibre n'est pas encore présent, mais on est en mesure de ne plus se soucier de se loger, de trouver les repères quotidiens dans son quartier, de connaître les règles et les procédures minimums de fonctionnement de son entreprise, les rituels de son équipe de travail, etc. Autant de marques en place qui apportent une certaine légèreté et qui libèrent l'esprit pour qu'on se consacre à d'autres préoccupations, par exemple faire ses preuves professionnelles. Avec le temps, ces repères, ou ceux qui en découlent, apportent un confort nouveau et appréciable.

Cet équilibre encore fragile permet de se distancier des préoccupations matérielles et quotidiennes pour se concentrer sur les efforts à fournir et à maintenir ainsi que sur les progrès à réaliser à la suite du bilan que l'on a fait. Le moment peut être choisi pour se réajuster par rapport aux contraintes de l'environnement professionnel (système d'information, culture de l'entreprise, compétences à approfondir ou à exercer) ou personnel (entretenir un cercle de connaissances en organisant des rencontres afin de mieux les connaître et de consolider les premiers liens). Tout cela permettra de se (re)positionner au besoin et de savoir où on est et où on va.

Et si l'on faisait le tour des fondations...

- Êtes-vous au clair avec vos choix ? Êtes-vous satisfait ? Quel est votre ressenti ? Quelles sont vos premières sensations ? Avez-vous envie de poursuivre ?

- Avez-vous pris vos marques professionnelles (étendue du poste, impact, charge de travail, exigences internes et externes, intérêt pour le travail, relations avec les collègues, implication personnelle, niveau d'engagement souhaité, culture d'entreprise, etc.) ?

- Avez-vous pris vos repères de vie (les repères en lien avec un changement de lieu de vie, mais aussi l'impact de ces derniers à la suite de votre changement professionnel, par exemple les commerces à proximité, les restaurants, les transports, les services, etc.)?

- Avez-vous intégré les repères sociaux et culturels? Qu'avez-vous à découvrir encore? Est-ce important ou cela peut-il attendre?

- Avez-vous trouvé votre équilibre physiologique, votre nouveau rythme? Arrivez-vous à dormir? À vous alimenter sainement? À éliminer les tensions et le stress accumulés depuis plusieurs mois? Avez-vous des activités pour vous ressourcer et du temps pour les pratiquer?

- Avez-vous trouvé une stabilité émotionnelle? Vous sentez-vous encore sous l'emprise de vos émotions lors de réunions ou de situations nouvelles qui vous exposent: rougeurs, palpitations, mains moites, perte de moyens. Êtes-vous davantage en contrôle? Arrivez-vous à relativiser afin que chaque pas significatif que vous faites vis-à-vis d'un client ou de votre hiérarchie ne soit pas source d'angoisse et de stress important, voire incontrôlable? Certaines qualités seront alors très sollicitées, par exemple la ténacité, la détermination, la concentration et la capacité de gérer votre équilibre de vie pour optimiser vos ressources intellectuelles, physiques et émotionnelles, car le rythme reste dense et intense et les premières baisses d'énergie sont bien présentes.

Illustration

Fiez-vous à vos expériences passées, à votre vécu. Il est votre capital initial. La maturité psychologique comprend plusieurs aspects, dont principalement savoir rester centré, apprendre à gérer ses émotions, sa peur de l'inconnu, développer la confiance en soi, l'estime de soi. C'est aussi, d'une manière plus générale, être acteur de sa vie, la prendre en main, et être ainsi plus adulte dans les réflexions menées, dans les choix et dans sa capacité de les assumer. Cette dimension fait appel à la gestion de soi et de ses émotions, à une forme de sagesse.

Faites confiance à votre intuition. Soyez à l'écoute, observez et fiez-vous à vos choix intuitifs. Décidez de votre intégration et choisissez de prendre sciemment part à votre nouvelle vie ou à votre nouvel environnement.

C'est une manière de s'engager pleinement et de construire dans la durée, avec solidité. J'ajouterais aussi qu'il faut définir votre marge de manœuvre en élaborant votre plan de développement personnel et professionnel dans le nouveau contexte, à court et à moyen termes.

6ᵉ clé : Apprenez à gérer et à amplifier votre énergie

L'énergie – en avoir suffisamment et y avoir recours – est une donnée essentielle, tout comme le sens et la maturité. Sur quoi repose-t-elle ? Que comprend-elle ? Comment s'alimente-t-elle ? Comment se génère-t-elle ?

Attitudes

Il vous faut tout d'abord définir vos besoins fondamentaux en lien avec votre rythme physiologique : alimentation, sommeil, santé et sport. Tel un sportif qui se prépare pour une compétition. Je ne vais pas entrer dans les détails, de nombreux ouvrages parlent déjà de l'importance d'avoir une vie saine et équilibrée, de prendre soin de notre équilibre physiologique et psychologique. Combler ces besoins de base assure les ressources nécessaires à la concentration, à la sollicitation intellectuelle, au stress et aux émotions pour pouvoir faire face aux multiples demandes, attentes et données inattendues propres aux changements.

L'énergie que nous pouvons générer est celle de l'enthousiasme. Au-delà de la motivation, elle est une ressource précieuse et vitale. L'enthousiasme vient des passions qui nous animent. Nous avons le choix : en faire preuve ou non. C'est à mes yeux un moteur dans la vie. Pour être enthousiaste, encore faut-il réunir les conditions de succès de cette joie généreusement partagée. À chacun de trouver sa propre source pour faire jaillir ce sentiment et cette félicité.

Processus

Il faut avoir une vie saine et mettre en place toutes les stratégies d'adaptation possibles pour transformer un stress inhibant en énergie porteuse d'innovation et de créativité. Vous faites face à un problème ? Vos premiers pas professionnels ne sont pas au niveau que vous espériez ? Les premiers retours sont en-deçà de vos espérances ? Le niveau de motivation et d'enthousiasme va se trouver directement affecté par ces résultats décevants.

Je me rappelle certains collègues avec lesquels nous discutions de cela, car nous avions tous changé récemment de métier pour devenir consultants-formateurs à 30, 35, 40, voire 50 ans. Le défi n'est pas difficile à relever, car il faut accepter de redevenir débutant, de réapprendre de nouveaux savoir-faire, de nouvelles pratiques, d'avoir un nouvel environnement de travail et de nouvelles contraintes (par exemple, de nombreux déplacements).

Je me souviens tout particulièrement de l'un d'entre eux qui avait vécu très difficilement cette nouvelle expérience professionnelle avec des évaluations de séminaires pour le moins décevantes. Très vite, le doute s'était installé: «Ai-je choisi la bonne voie?»; «Suis-je fait pour ce métier?»; et cela peut jouer un rôle insidieux. La présence et le soutien de l'encadrement et des pairs sont dans ces moments-là essentiels. La situation aurait pu amener ce collègue à renoncer à ce nouveau métier (nous en avions discuté); elle avait eu un impact certain sur sa motivation à poursuivre et sur l'énergie dont il disposait alors. Il avait vécu si lourdement cette épreuve de rodage et de test qu'il a très rapidement proposé de m'accompagner dans mon intégration et qu'il est devenu mon parrain! Il me rassurait beaucoup et dédramatisait les premiers séminaires que je devais animer. Il me coachait à distance et me téléphonait avant et après. Voilà une belle stratégie d'adaptation humaniste et un bel acte de solidarité!

Les stratégies sont soit le repli (par souci de protection, avant d'aller au-devant des difficultés à gérer), soit l'élaboration d'actions correctrices qui permettront de contourner l'obstacle ou de s'ajuster davantage aux attentes.

Retour d'expérience

À travers mon vécu, je réalise que nos passions sont souvent source de satisfaction, sans enjeu, sans pression, juste pour le plaisir. Cela me fait d'ailleurs penser au concept d'expérience optimale: le *flow*, être dans le *flow*. L'avez-vous déjà vécu? Dans ces moments-là, on est tellement absorbé par son activité qu'on en oublie la notion de temps qui passe. C'est un processus captivant!

Transmettre une passion, la communiquer donne tellement de vie à nos propos et suscite beaucoup plus d'attention et d'intérêt. Souvenez-vous d'un professeur d'école que vous avez eu, qui captait complètement votre attention pendant toute la durée du cours. Vous étiez sans doute passionné à votre tour. La passion et l'enthousiasme sont communicatifs. La symbiose et l'énergie dégagée sont magiques.

Les changements sont les moments idéaux pour mettre plus de passion dans nos vies. L'énergie provient aussi de notre aptitude à créer, à construire et à renouveler. Ce sont des phases de conquête, de nouveauté, qui génèrent un élan vital souvent insoupçonné.

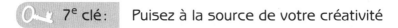 **7ᵉ clé :   Puisez à la source de votre créativité**

Attitudes

Nous avons tous un potentiel créatif en nous. La créativité peut revêtir plusieurs formes d'expressions; nous y avons recours presque chaque jour, et ce, sans le savoir. Nous possédons tous un potentiel à découvrir, à développer et à solliciter.

Qu'est-ce que la créativité ?

> La créativité correspond au cheminement mental que nous empruntons pour découvrir de nouveaux rapports entre les choses, les événements, et ainsi produire des idées utiles et originales face à une situation donnée.
>
> • Chacun d'entre nous possède un processus créatif naturel.
> • La créativité relève d'une manière d'être et d'une façon de penser.
> • Elle est une aptitude individuelle présente en chacun de nous, il suffit de l'entraîner, de la cultiver afin qu'elle devienne un état d'esprit [9].

On a tendance à croire, à tort, que seuls les artistes professionnels et reconnus comme tels sont des créatifs, par exemple un directeur artistique dans une agence de publicité, un peintre, un comédien, un chanteur, un chef d'orchestre, un danseur, etc. Qu'il faut être diplômé des Beaux-Arts pour prétendre le devenir. Qu'il faut avoir un *look* décalé et des cheveux hirsutes sur la tête pour le paraître... Eh bien, bonne nouvelle : non! Ce ne sont que des croyances collectives qui nous limitent. Elles nous influencent fortement et nous en sommes souvent victimes à nos dépens.

Cela vous arrive-t-il de ne pas oser dévoiler votre facette d'artiste de peur de ne pas être légitime ou de paraître trop original, voire marginal, dans votre environnement social, familial ou professionnel? Quel dommage de garder cela en vous au lieu de l'exprimer et

9. Extrait de *Savoir développer sa créativité*. Brigitte Bouillerce et Emmanuel Carré, Éditions Retz, 2002

de le partager! Qui vous empêche demain d'aller dans un magasin de matériel créatif et de vous confectionner votre propre *kit* de l'artiste en herbe en vous laissant guider dans vos choix par vos élans?

Apprendre à vous connaître est une des façons de découvrir les talents qui sommeillent en vous. Ce don que vous possédez peut-être depuis le jour de votre naissance. Ce moment sacré et imaginaire où les fées se sont penchées sur votre berceau et, en totale réceptivité, vous ont transmis ces précieux présents. Mon propos peut paraître tenir plus d'un conte que de la réalité, et pourtant... J'en ai personnellement fait l'expérience. Bien entendu, je ne me souviens pas des fées! Mais je sais aujourd'hui que je possède des talents créatifs, tout comme vous. Je les ai découverts récemment dans ma vie, depuis quatre ans environ, les uns après les autres, par hasard, grâce à la rencontre significative de personnes ouvertes à cela, certaines artistes, et de manière très intuitive.

Processus

La créativité stimule notre aptitude à innover, à imaginer, à penser autrement et à laisser libre cours à nos idées. Au-delà de cela, elle ouvre des portes, des fenêtres et des avenues nouvelles et insoupçonnées! Elle permet ainsi d'inventer et de recréer notre vie, de la renouveler sans cesse, toujours plus colorée, plus riche.

Comment stimuler sa créativité et s'y relier?

La créativité ouvre une étendue de possibilités. Les activités sont nombreuses et variées: dessin, peinture, collage, photographie, sculpture, céramique, danse (sous toutes ses formes), chant, théâtre, calligraphie, écriture, poésie, etc. S'inscrire à ce type d'activités offre tout naturellement l'occasion de partager une ou des passions communes et de socialiser dans un contexte qui nous correspond totalement. C'est un terreau fertile et propice à se révéler tel que l'on est, dans l'authenticité.

Ce qui m'a beaucoup frappée dans ces différentes expériences, ce fut la bienveillance et le non-jugement omniprésents. Les enseignants que j'ai eus avaient de grandes qualités artistiques et humaines. Ils ont su mettre en place un climat propice qui nous a donné un cadre d'expression ouvert et respectueux de notre personnalité. Comédiens, peintres en herbe ou autres, nous étions là pour le plaisir avant tout, afin de partager une passion commune et de nous enrichir réciproquement de cette expérience au contact de nos créativités. J'ai aussi créé de belles amitiés dans ces ateliers; elles sont vraies et reposent sur des valeurs et des passions communes.

À un moment, une sorte de machine à effet d'entraînement se met en marche... Elle donne de l'enthousiasme, apporte de l'énergie, de la confiance et de la satisfaction, parfois même une certaine forme de reconnaissance.

Comment activer et développer son potentiel créatif?

Activer et développer son potentiel créatif implique de prendre du temps et de s'y consacrer avec une grande disponibilité d'esprit. Ce potentiel nous invite à nous souvenir de nos expériences passées, des réussites et des rencontres qui nous ont marqués. Il faut aller puiser à la source, ouvrir la boîte aux souvenirs et être en mesure de rentrer dans le processus en acceptant d'embarquer sur une route dont on ne connaît ni la destination, ni la distance à parcourir, ni les efforts que cela impliquera... Ce chemin demande patience et persévérance.

C'est accepter de :

- lever les freins, les jugements intérieurs qui nous habitent: «Je n'en suis pas capable»; «Je suis nul»; «Je ne suis pas un artiste»; «Je n'ai aucune technique picturale», etc.;
- lâcher prise devant l'irrationalité du processus, car les idées arrivent parfois sans lien, dans le désordre ou différemment de ce que l'on imaginait;
- confronter et partager son travail artistique avec d'autres personnes afin de s'ouvrir à d'autres perspectives et d'avoir d'autres regards;
- persévérer malgré la déception, qui peut parfois générer une certaine frustration.

Comment utiliser sa créativité lors de changements multiples?

Quelques mots clés: imagination, visualisation, projection, renouveau, énergie créatrice et élan! Ces mots résument brièvement l'étendue des champs du possible qui s'ouvrent à nous lors de changements dans nos vies ainsi que nos ressources dans ces périodes-là.

Lorsque les changements se démultiplient, il faut jongler d'une situation à une autre, d'un problème à un autre; il faut résoudre, imaginer, créer. Où trouver toutes ces ressources? Elles sont, en grande partie, en vous! Et plus vous serez entraîné à les utiliser, plus vous le ferez sans y penser!

Ce qui, à première vue, pourra vous paraître difficile, contraignant, voire insurmontable, pourra dans certains cas, selon la nature des changements, devenir un jeu, un champ d'expression nouveau, et vous donner des autorisations de faire, d'agir et de penser différemment.

La créativité, à votre service...

- Dans votre nouvel environnement :
  - Qu'allez-vous créer ?
  - Que vous autorisez-vous de faire ?
  - Comment ?
  - Pourquoi ?

- Face à la multiplicité des changements :
  - Comment créer et imaginer la manière, la solution pour les faire cohabiter entre eux ?
  - Comment trouver les liens ou un dénominateur commun ?
  - Comment organiser votre vie en fonction de vos priorités ?
  - Comment repenser votre organisation au quotidien ?
  - Comment créer vos nouveaux repères ?
  - Quels sont-ils ?

- Dans la nouveauté :
  - Un nouvel emploi ? Un nouveau chef ? De nouvelles responsabilités ?
  - Comment faire coexister tous ces nouveaux paramètres ?
  - Comment vous organiser ?

- ... et à cultiver :
  - Ayez avec vous et à l'intérieur de vous votre boîte à idées.
  - Laissez germer.
  - Prenez toutes ces idées et ces projets que vous aimeriez réaliser un jour et pensez au terreau.
  - Replantez. Arrosez. Taillez.
  - Constatez qu'une fois réactivé et pratiqué, ce processus est d'une grande richesse.

La créativité est au cœur de nos vies, l'auriez-vous oublié ? Elle se nourrit de nos expériences sensorielles, cognitives et émotionnelles, de nos souvenirs et de nos rêves. Notre potentiel et notre pouvoir de transformation sont des atouts majeurs.

8ᵉ clé :   Célébrez !

Il ne faut jamais omettre de célébrer. Pourquoi ? La vie nous donne-t-elle suffisamment d'occasions de le faire ? Non ! Alors, créons-les et n'oublions pas les projets et les moments symboliques de notre vie ! Notre société moderne a perdu le sens des rites et des rituels. Il ne tient qu'à chacun d'entre nous de les faire vivre autour de lui. Célébrer une avancée significative, une bonne nouvelle, une réussite, etc.

Dans une vie remplie de changements, les événements sont si nombreux ! Célébrer nous donne l'occasion de saluer les efforts, le courage, la ténacité, les aptitudes que nous possédons et d'être entourés des personnes qui nous accompagnent sur ce chemin. À nous de créer les occasions, de transmettre cet état d'esprit et cet état d'être à ceux qui nous entourent. Et si nous célébrions la vie parfois, tout simplement ?

Processus

Prenez simplement le temps d'apprécier et de créer des conditions ou des événements propices à cette célébration personnelle. Célébrer les étapes de l'avancée dans les changements de nos vies nous permet de mesurer le chemin parcouru et nous donne l'énergie et la confiance pour poursuivre, car lors de multiples changements, la route peut être longue... Il faut prévoir de petites étapes en chemin pour le bien du pèlerin.

Vos clés de succès
lors de multiples changements

Lorsque vous serez en situation de gérer plusieurs changements en même temps, de quelles clés aurez-vous besoin parmi celles décrites précédemment ? Lesquelles seront les plus efficaces ? Pour les choisir, il faut garder à l'esprit les éléments suivants.

Choisissez votre cap et définissez bien vos priorités

Afin de ne pas vous éparpiller, vous disperser et vous perdre. Il est important de vous assurer de la cohérence de vos choix et des actes qui en découleront. Il s'agit aussi de favoriser ou de créer des synergies entre les différents changements et acteurs concernés ainsi qu'entre les diverses ressources. Définissez l'ordre de vos priorités, puis écrivez-les au besoin pour les garder à l'esprit. Prenez les trois ou quatre priorités les plus importantes, et concentrez-vous sur celles-ci.

Les clés concernées:

- 1re clé: Donnez vie à vos envies;
- 2e clé: Osez!

Optimisez votre temps et vos ressources personnelles

Afin d'accroître votre efficacité personnelle tout en optimisant votre temps et votre énergie.

Les clés concernées:

- 3e clé: Mettez à profit l'ensemble de vos connaissances;
- 4e clé: Développez et renforcez vos aptitudes personnelles;
- 6e clé: Apprenez à gérer et à amplifier votre énergie.

Positionnez-vous et communiquez

Qui vous êtes, ce que vous faites et ce que vous voulez faire autrement communique aux autres votre personnalité, vos priorités et vos projets. Plus vous serez précis et clair dans votre positionnement et votre communication, plus vous permettrez aux autres de vous aider.

Personne d'autre que vous ne peut savoir ce que vous voulez vraiment dans votre vie, ce qui vous inspire, vous motive, vous stimule. En le sachant et en le communiquant, vous laissez transparaître ce qui vous anime profondément et vous captez naturellement l'attention des autres, car vous êtes authentique et vous rayonnez.

Vos interlocuteurs sentiront la justesse de vos propos et auront envie de vous accompagner, de vous aider à vous révéler. Seule exception, ceux qui se sentiront menacés par votre enthousiasme, votre vivacité. Pourquoi menacés? Parce que malheureusement vous pourrez parfois être un miroir et refléter aux autres la méconnaissance qu'ils peuvent avoir d'eux-mêmes. Dans ce cas-là, il vous suffira de ne pas insister et d'aller rencontrer d'autres gens avec qui en parler plus librement.

Comment se manifestent les sentiments de menace chez certaines personnes? Par leurs mots et leur non-verbal. Elles pourront avoir tendance à vous montrer le côté négatif, les dangers, l'irresponsabilité de vos choix, etc. Souvent inconsciemment, elles tenteront de vous dissuader en critiquant votre projet pour le minimiser ou le réduire en peau de chagrin.

Il est important à ce moment-là de ne pas douter et de vous distancier des propos tenus et de leur impact sur vous. Poursuivez votre route, vous êtes la seule personne capable de ressentir et d'évaluer le potentiel de votre projet. Ne laissez personne vous arrêter, vous stopper. C'est votre route, c'est votre vie!

Les clés concernées:

- 3ᵉ clé: Mettez à profit l'ensemble de vos connaissances;
- 4ᵉ clé: Développez et renforcez vos aptitudes personnelles.

Canalisez votre énergie

Ciblez et sélectionnez sans chercher à vouloir tout faire tout de suite, car vous n'êtes pas surhumain, et les excès de ce genre pourraient vous conduire à l'épuisement, syndrome qui pourrait anéantir toutes vos actions passées et futures. Faites preuve de créativité! Canalisez votre énergie dans des projets novateurs, différenciateurs, ou utilisez-la pour mieux organiser votre temps, par exemple.

Les clés concernées:

- 5ᵉ clé: Consolidez vos fondations;
- 6ᵉ clé: Apprenez à gérer et à amplifier votre énergie;
- 7ᵉ clé: Puisez à la source de votre créativité.

Suivez l'avancée des changements, mesurez-les et réajustez-vous en permanence

Les clés concernées:

- 3ᵉ clé: Mettez à profit l'ensemble de vos connaissances;
- 4ᵉ clé: Développez et renforcez vos aptitudes personnelles;
- 5ᵉ clé: Consolidez vos fondations.

Déléguez lorsque cela est possible

Les clés concernées:

- 3ᵉ clé: Mettez à profit l'ensemble de vos connaissances;
- 5ᵉ clé: Consolidez vos fondations.

Prenez du recul, ressourcez-vous et alimentez votre réflexion

Les clés concernées:

- 6ᵉ clé: Apprenez à gérer et à amplifier votre énergie;
- 7ᵉ clé: Puisez à la source de votre créativité.

Accordez-vous de la reconnaissance et célébrez!

Les clés concernées:

* 4ᵉ clé: Développez et renforcez vos aptitudes personnelles;
* 8ᵉ clé: Célébrez!

Quelques idées clés

* S'éparpiller et se perdre en route

  Un des risques majeurs auxquels on s'expose en changeant et en renouvelant son quotidien ou sa vie, c'est celui de s'éparpiller dans l'euphorie et l'enthousiasme; autrement dit, de partir dans tous les sens, tous azimuts! C'est tentant, car les propositions sont stimulantes et posent des défis! Bien souvent, l'entourage peut nous aider et, par de bons conseils, nous permettre de nous recentrer; cela n'empêche pas pour autant la joie!

* Gaspiller son temps et son énergie

  Qu'est-ce qui mérite qu'on s'y attarde? Qu'est-ce qui peut être délégué? Qu'est-ce qui peut attendre? Notre temps est précieux et nos ressources aussi. On décide de se consacrer à sa famille et à quelques amis seulement pendant quelque temps? Alors, on informe ceux qu'on fréquente souvent qu'on n'est pas disponible en ce moment.

* Important et essentiel

  Qu'est-ce qui est important dans nos vies? Et qu'est-ce qui est essentiel? Quelle est la différence? Elle est significative. Confondre les deux, c'est justement s'éparpiller et diminuer son efficacité.

* Tout vouloir sans savoir

  C'est-à-dire ne pas être suffisamment au clair avec son projet, ses choix, ses attentes, ses objectifs et se laisser porter par les événements extérieurs. Cela engendre de grandes tensions, car il y a une zone grise importante et impondérable. C'est un risque et un stress dont on peut facilement se passer.

* Des préjugés? Des a priori?

  Cela ne facilitera pas une intégration, quelle qu'elle soit. En jugeant, on prend le risque d'être jugé à son tour. Alors, changeons notre regard! Les changements impliquent une ouverture d'esprit pour faciliter la flexibilité, l'adaptation et les relations humaines. Plus que jamais, les qualités humaines telles que la tolérance, la bienveillance, l'empathie et le respect de la différence ont leur raison d'être. Il n'en tient qu'à nous de développer notre savoir-être.

- S'entêter

  Cela ne sert à rien! Il faut accepter de voir la vérité en face, aussi déce-vante et douloureuse soit-elle parfois.

- Se positionner en tant que victime

  Cet état d'être rend les choses plus difficiles à vivre, plus longues. Plus que jamais, vous êtes acteur et cocréateur de votre vie. Vos réussites et vos échecs vous appartiennent. Assumez-vous sans craindre les jugements hâtifs: l'important, c'est d'essayer et de donner le meilleur de soi. N'attendez plus pour vivre votre vie.

- Attendre des autres

  Qui mieux que vous sait ce qu'il a à faire? Qui mieux que vous connaît vos talents, vos compétences? Qui mieux que vous peut prétendre être aux commandes de votre vie?

● ● ●

Une fois acquises, ces clés sont en vous. Elles vous appartiennent *ad vitam æternam*. Ce sont vos ressources précieuses, inestimables, inépuisables et sans cesse renouvelables. Elles vous accompagnent en tout temps et en tout lieu.

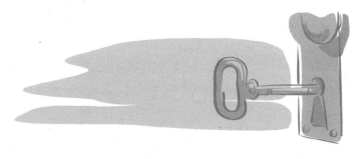

Votre chemin...

La sagesse est d'avoir des rêves suffisamment grands
pour ne pas les perdre de vue.

Oscar Wilde

Nous arrivons au bout de notre chemin commun... Le vôtre commence. Avant de nous quitter, souvenez-vous, nous avons tenté depuis le début de notre aventure :

- d'illustrer et de rendre concrets les changements par le biais d'expériences vécues ;
- de découvrir ensemble les processus et les réactions humaines en cause lors de nos multiples changements ;
- de regarder nos changements passés, présents et futurs avec un recul et avec confiance ;
- et de nous donner quelques clés de compréhension et d'action.

Que vous inspire ce sujet maintenant ? Comment vous sentez-vous ? Certaines idées sont-elles déjà présentes en vous ? Ce chapitre est le vôtre. Puisez sans crainte dans vos nombreuses ressources. Et si le temps était venu de créer de nouvelles occasions dans votre vie, de réaliser vos vieux rêves, de laisser libre cours à vos aspirations profondes... Qu'en pensez-vous ?

Allons ensemble à la rencontre de vos souhaits. Imaginons que vous décidiez de les réaliser et de les mettre en œuvre dans votre vie dès aujourd'hui. Imaginez-vous passer du rêve à la réalité... Ce chapitre est là pour vous accompagner dans votre réflexion pour passer à l'action !

Faites-vous confiance et osez!

Osez rêver!

Osez croire en vos aspirations!

Osez être libre dans votre vie et dans vos choix!

Osez être vous-même sans rôle de composition ni masque!

Osez changer:

- pour inventer votre vie;
- pour rencontrer votre créativité et vos désirs profonds;
- pour vous offrir de nouvelles expériences;
- pour vous enrichir, vous ouvrir à la différence et à la nouveauté;
- pour développer un nouvel espace intérieur;
- pour vous respecter et être fidèle à qui vous êtes profondément;
- pour vivre pleinement et intensément;
- pour être heureux, tout simplement;
- par amour.

À vous la parole!

Cette dernière étape de notre voyage se présente sous la forme de questions pour vous accompagner dans votre réflexion, vous permettre d'y voir plus clair. Je vous propose de les lire et d'y répondre le plus spontanément possible ou, deuxième approche, de vous donner le temps d'y réfléchir et de mûrir vos idées, selon votre préférence. Nous avons tous et toutes nos façons de faire, et il est important que vous restiez naturel pour ne pas entraver votre créativité.

Prenez soin de garder une trace écrite de vos réponses dans un cahier personnel. Si vous n'aimez pas écrire, utilisez un magnétophone pour les enregistrer. Et pourquoi ne pas vous munir d'une boîte dans laquelle vous pourriez déposer et garder précieusement tout ce qui a rapport aux différents sujets?

Étape 1: Vos rêves, vos aspirations, vos envies

Imaginez que vous n'avez aucune contrainte, aucune préoccupation financière, professionnelle ou d'une autre nature. Vous êtes donc dans cette situation idéale et vous n'avez qu'à répondre aux questions suivantes.

- Où en êtes-vous dans votre vie aujourd'hui?

- Quelle est votre quête personnelle?
- À quoi aspirez-vous vraiment?
- Y a-t-il un ou plusieurs rêves que vous aimeriez réaliser? Lesquels?
- De quoi avez-vous envie?
- Quelles aspirations aimeriez-vous assouvir?

- Pourquoi?
  - Que représentent pour vous ces rêves, ces aspirations et ces envies?
  - Pour quelles raisons ne les avez-vous pas mis en œuvre?
  - Vous sentez-vous prêt à changer? Pourquoi oui? Pourquoi non?

Étape 2 : Bilan de vos changements

- Vos changements passés

Quels changements récents avez-vous vécus? Faites-en la liste.
- Changements survenus au cours de l'année
- Changements survenus depuis trois ans
- Changements survenus depuis cinq ans

Qu'observez-vous?
- Vos changements sont-ils davantage personnels ou professionnels?
- Certains sont-ils encore d'actualité? Si oui, lesquels?
- Lesquels sont les plus significatifs à vos yeux? Pourquoi?
- Étaient-ils voulus ou subis? Lesquels avez-vous subis?
- Comment les avez-vous vécus (votre ressenti)?
- Comment les avez-vous gérés?
- Feriez-vous différemment aujourd'hui? Pourquoi?
- Que découvrez-vous sur les changements passés de votre vie?

- Vos changements présents

Quels changements sont en cours? Faites-en la liste.

Qu'observez-vous?
- Vos changements sont-ils voulus ou subis?
- Quelles sont les causes à l'origine des changements en cours?

- Dans quel domaine de votre vie sont-ils: personnel, professionnel ou les deux?
- Que souhaitez-vous aujourd'hui? Qu'attendez-vous de cette situation?
- Lesquels sont les plus significatifs à vos yeux? Pourquoi?
- Comment vivez-vous vos changements (votre ressenti)?
- Comment les gérez-vous?
- Quel est votre degré d'implication, d'engagement personnel dans ces changements?
- Quels sont les impacts sur vous (émotionnels, matériels, personnels, familiaux et sociaux) dans votre quotidien?
- S'agit-il pour vous de facteurs d'occasions nouvelles ou de peur?
- Où en êtes-vous? À quelle étape? Dans quelle phase temporelle?

Étape 3 : Vos perspectives : quels sont vos changements futurs?

Avez-vous déjà rêvé ou inventé vos changements futurs? Pouvez-vous les nommer?

- Qu'observez-vous?
  - Voulez-vous en provoquer d'autres? Si oui, lesquels et pourquoi?
  - Quels sont ceux que vous êtes sur le point de vivre?
  - Que découvrez-vous sur ces changements voulus?
  - Quelle place leur accordez-vous dans votre vie actuelle?
  - Comment les rendre concrets?
  - Quand les mettre en œuvre?
  - Quel est le sens que vous donnez à ces changements dans votre vie au sens large?
  - Quel chemin aimeriez-vous dessiner? Pourquoi? Quand? Comment?
  - Quelles sont les étapes que vous définissez pour atteindre vos objectifs?
  - Combien de temps vous donnez-vous pour les mettre en œuvre et pour les atteindre?
  - En avez-vous déjà parlé? À qui? Quand et pourquoi?
  - Êtes-vous impliqué à votre plein potentiel? Si non, pourquoi?

Étape 4 : Les freins, les obstacles, les peurs

- Quels sont les freins et les obstacles que vous affrontez dans vos changements actuels ? pour réaliser vos changements futurs ?
- Comment pourriez-vous définir et nommer les obstacles sur votre chemin ?
- Comment vous sentez-vous ? Que ressentez-vous devant vos réponses ?
- Que pourriez-vous faire pour vous en occuper dès aujourd'hui ?
- Que pourriez-vous faire pour les dépasser ?
- De quoi avez-vous besoin pour qu'il n'y ait plus d'obstacle ni de frein ?
- Quelles solutions ou décisions pouvez-vous prendre aujourd'hui pour avancer et réaliser vos changements sans plus attendre ?

Étape 5 : Vos atouts, vos forces

Par ordre de priorité ou de préférence, faites la liste de vos changements présents et futurs relevés aux étapes 2 et 3.

- Sur le plan personnel :
  - Quelles sont vos forces et vos qualités face à ces changements ?
  - Quels sont les aptitudes ou les savoirs que vous souhaiteriez développer ?
- Sur le plan professionnel :
  - L'idée de changement identitaire vous questionne-t-elle ? Si oui, pourquoi ?
  - Avez-vous envie de partager ce sujet et ce livre avec quelqu'un ? Si oui, avec qui ?
- Quels sont les atouts et les forces que vous possédez déjà sans le savoir ? Parcourez à nouveau les chapitres 6 et 7. Relevez-y ce qui vous concerne et vous ressemble.
- Quels sont vos atouts dans la gestion émotionnelle des changements à venir ? Quels sont les comportements et les attitudes que vous avez déjà de manière automatique ou intuitive ? Vous avez un capital initial, prenez-en pleinement conscience !

Étape 6 : Les bénéfices

Pour chacun des changements relevés précédemment, quels sont les bénéfices que vous allez en retirer :

* dans votre vie personnelle et familiale ?
* dans votre vie professionnelle ?
* dans votre vie sociale et amicale ?
* pour votre bien-être, votre santé ?
* pour votre confort ?
* pour votre estime personnelle et votre confiance en vous ?

N'hésitez pas à revoir le chapitre 6 pour en découvrir certains autres que vous avez peut-être oubliés.

Étape 7 : Les étapes

Pour chacun des changements relevés précédemment, où en êtes-vous ? À quelle étape ? À quelle phase ?

Vous pouvez, si vous êtes visuel, dessiner la flèche du temps et y situer chacun d'entre eux. Cet exercice permet de prendre conscience que parfois nous en avons trop à la fois et que nous risquons de ne pas y arriver, ou, au contraire, nous nous rendons compte que nous n'avons pas avancé.

* Vous êtes-vous bien préparé ?
* Y avez-vous consacré le temps suffisant ?

Étape 8 : Les clés

* De quelles clés disposez-vous déjà pour chacun de vos changements ? Quelles portes voulez-vous ouvrir ?
* Quelles clés devez-vous vous procurer ?
* Quelles sont les clés que vous retenez pour vous et que vous souhaiteriez utiliser dans vos prochains changements ?

Étape 9 : Votre chemin et votre façon de faire

- Comment allez-vous appréhender vos changements maintenant ?
- Quelles sont les grandes étapes que vous allez mettre en place ?
- Où en êtes-vous dans votre réflexion ?
- Où en êtes-vous dans votre plan d'action ?

Je vous propose pour finir de créer votre plan d'action avec des repères temporels précis et les actions à mener pour chaque changement.

À quoi ressemble votre chemin maintenant ? Comment vous sentez-vous ? Êtes-vous prêt à oser ?

Conclusion

Comment faciliter les inéluctables
changements de vie ?

Comment aller à la découverte de soi ?

Comment se révéler et s'affirmer
en tant qu'être humain ?

Comment développer sa liberté d'action, de choix,
de penser, ainsi que sa liberté intérieure ?

Comment redonner du sens à sa vie ?

Comment se réapproprier son potentiel
et son pouvoir personnel ?

En osant !

Nous pouvons, grâce à nos expériences et en développant notre niveau de conscience, faciliter les changements multiples. Il nous faut apprendre à gérer et à dépasser nos peurs, les transformer en formidables occasions d'ouverture et d'apprentissage sur soi, les autres et le monde qui nous entoure. Sans ces contraintes que nous nous créons, nous aurions davantage de potentiel pour oser!

Nous pouvons, grâce aux différentes phases à traverser lors des différents changements de nos vies, nous découvrir ou nous redécouvrir, réaliser, prendre conscience et être reconnus dans nos forces, nos savoir-faire, nos qualités et nos zones de vulnérabilité. Ainsi, nous pouvons apprendre à mieux nous connaître, à nous réapproprier le sens caché de notre vie, à créer, à entreprendre, à explorer et à expérimenter, à être au plus près de nos désirs, de nos rêves, et à nous donner, peut-être pour certains d'entre nous, la chance de les vivre pleinement.

Nous pouvons ainsi nous autoriser la nouveauté et la mise en place de ces changements, nous affirmer, nous positionner en tant qu'individus et oser nous révéler aux autres dans notre authenticité. Ce sont des occasions inestimables pour (re)découvrir nos dons, nos talents, et pour les exprimer. C'est alors le début d'une quête de naturel, de simplicité et de vérité personnelle.

Quel magnifique cadeau! Enfin nous pouvons toucher du doigt l'essentiel de notre vie! Je ne parle pas de tout ce qui nous encombre, mais bien de nous sentir plus libres d'agir et de penser avec plus d'humanité et de spiritualité dans nos vies. Car finalement, la vie n'est-elle pas un chemin où chacun d'entre nous a son rôle à jouer dans l'évolution globale de l'humanité?

Par conséquent, plus ces changements et leurs impacts seront vécus en conscience, plus ils seront formateurs, libérateurs, facilitateurs et révélateurs de qui nous sommes, de nos potentiels, de nos forces de vie, de nos talents et de notre pouvoir personnel afin de décider sciemment de notre chemin de vie.

Alors, osons...

Osons aller au bout de notre quête personnelle.

Osons croire en nos rêves.

Osons aller à la rencontre de nos forces et de notre vulnérabilité.

Osons imaginer notre vie.

Osons espérer un monde avec plus d'humanité, où l'humain serait au cœur de nos vies, de nos préoccupations et de nos actions.

Osons croire en la fraternité, en l'amour, en la générosité désintéressée.

Osons avoir confiance.

Osons la différence.

Osons nous affirmer dans notre unicité.

Osons être, en toute simplicité et dans notre félicité.

Devenir Soi est une manière de se respecter. De respecter à la fois son individualité et son unicité. Exprimer qui l'on est est si rare. Pouvoir être authentique dans les liens que l'on crée, dans le métier que l'on exerce ou dans le milieu auquel on appartient. Pourquoi est-ce si rare? Parce que nous l'ignorons. Et c'est en apprenant à se découvrir que cela devient conscient et présent dans notre vie, dans nos gestes, nos actes, nos paroles, nos convictions et nos pensées. N'est-ce pas là le sens profond de la nature humaine et de son évolution, apprendre à grandir dans notre *être*?

Pourquoi manifestons-nous autant de résistance parfois? Cela implique pour chacun d'entre nous un ou plusieurs changements mais, comme vous le savez, il n'y a pas d'évolution possible sans changement! De plus, au-delà des connaissances, de la compréhension intellectuelle, seule la voie de l'expérience ouvre les portes de ces savoirs précieux. Il me paraît évident aujourd'hui que seule l'expérience de la vie et les émotions qu'elle implique nous permettent de savoir vraiment de quoi il s'agit. Il faut avoir ressenti la peur au ventre, avoir eu ces sueurs froides certaines nuits d'insomnie, ces moments de grâce et de sérénité lors de certaines victoires personnelles, ces moments d'exaltation, de joie et d'euphorie...

Rien n'a été inventé; la vie n'est qu'une succession de cycles qui peuvent être vécus de façon vertueuse par l'ascension ou l'accession au dépassement et, pourquoi pas, la pleine réalisation de soi. Oser changer offre de magnifiques occasions de se renouveler, de vivre autrement, de repenser ou de recréer sa vie sur de nouveaux repères, sur de nouvelles croyances, avec une plus grande ouverture, qui implique de connaître plusieurs modèles, plusieurs cadres de référence.

Oser aller à la rencontre de qui nous sommes profondément est un acte d'amour en soi, pour nous-mêmes et pour les autres. Car c'est être en mesure (à la lumière des acquis, du vécu et des qualités développées : empathie, compassion, respect, tolérance, etc.) d'offrir aux autres un peu plus du meilleur de nous. Pourquoi certains comédiens possèdent-ils ce je-ne-sais-quoi qui les anime, qui leur donne une certaine fougue, une aura particulière ? Je n'ai pas de réponse toute faite, mais pour l'avoir vécu et ressenti, je sais que tout vient du cœur. Jouer, penser et agir avec son cœur, c'est être vrai. Cette vérité se perçoit, elle se reconnaît lorsque votre vie prend cette saveur, cette couleur. Le bonheur est déjà là, en nous et autour de nous.

En guise de pistes pour poursuivre votre réflexion personnelle, je vous propose deux éclairages, l'un issu de la philosophie antique et l'autre, de la littérature. Ces deux citations, lourdes de sens, sont porteuses de messages clés pour l'humanité tout entière et, par conséquent, pour nos sociétés en souffrance et en quête de repères.

Sénèque

« [...] Mortels, vous vivez comme si vous deviez toujours vivre. Il ne vous souvient jamais de la fragilité de votre existence, vous ne remarquez pas combien de temps a déjà passé ; et vous le perdez comme s'il coulait d'une source intarissable, tandis que ce jour, que vous donnez à un tiers ou à quelque affaire, est peut-être le dernier de vos jours. Vos craintes sont de mortels ; à vos désirs on vous dirait immortels. Qui vous a donné caution d'une vie plus longue ? Qui permettra que tout se passe comme vous l'arrangez ? N'avez-vous pas honte de ne vous réserver que les restes de votre vie, et de destiner à la culture de votre esprit le seul temps qui n'est plus bon à rien ? N'est-il pas trop tard de commencer à vivre lorsqu'il faut sortir de la vie[10] ? »

George Sand

« L'esprit cherche et c'est le cœur qui trouve. »

Car il n'est jamais trop tard pour prendre conscience que l'acteur de notre vie est en chacun et chacune de nous. Quant aux talents et aux ressources dont nous avons besoin pour donner sens à notre

---

10. *De la brièveté de la vie* (vers 49 apr. J.-C.), traduction M. Charpentier, 1860.

vie et l'accomplir, ils sont déjà en nous. Il ne nous reste qu'à les découvrir, à savoir les écouter et à les faire s'exprimer pleinement.

***

Ainsi s'achève ce partage de vous à moi. Je vous souhaite des satisfactions personnelles et des réussites au-delà de vos espérances et, surtout, un magnifique chemin de vie.

Nous pouvons poursuivre cet échange si vous le souhaitez. Vous pouvez consulter mon site www.beatricethomas.ca ; vous y trouverez des informations sur les conférences et les accompagnements disponibles pour approfondir ce sujet si vous le désirez.

Remerciements

Cette magnifique aventure n'aurait pu exister sans la rencontre que j'ai eue avec Céline Bareil. Je lui dois l'étincelle ainsi que les conseils avisés et les encouragements qui m'ont été nécessaires. Merci du fond du cœur, Céline, d'avoir été ma mentor.

Je remercie les personnes qui ont accepté de partager avec moi leurs riches expériences liées aux changements de leurs vies. Merci de m'avoir fait confiance.

Je tiens également à souligner la collaboration de mon éditeur, M. Jacques Simard, pour son accompagnement et ses précieux conseils qui ont contribué à la qualité de cet ouvrage.

Je souhaite rendre hommage aux nombreuses personnes qui m'ont soutenue et accompagnée dans mes projets, mes élans et mes convictions : mes parents, Pierre et Marie-France Thomas ; mes frères, Xavier et Pascal ; Béatrice Chevalier, ma coach et grande amie ; Nicole et Francine Audette, qui m'ont accueillie à bras ouverts ici, au Québec, et au sein de leur chaleureuse famille.

Je remercie de tout mon cœur mes amis fidèles et complices Virginie Aurouer, Muriel Galinetti, Frédérique Grandjean, Sherwood Fleming, Annette Dordain et Jean-Noël Dumont.

Au cours de la période décrite dans ce livre, j'ai eu la chance de bénéficier d'un soutien indéfectible. Je souhaiterais remercier tout particulièrement mes grands-parents (vivement regrettés), Guy Fayolle, Hélène et Gérard Fayolle ainsi que Hélène et Jean Thomas.

Il est un homme qui a pris une place essentielle dans mon existence. Je voudrais lui témoigner ma gratitude d'avoir choisi de m'accompagner dans la vie ainsi que dans mes engagements humanistes. Merci, Pascal.

Merci à toutes et tous d'être d'aussi belles personnes et d'être présents dans ma vie.

Références bibliographiques

BOUILLERCE, Brigitte et Emmanuel CARRÉ. *Savoir développer sa créativité*, Éditions Retz, 2002.

CORNEAU, Guy. *Le meilleur de soi*, Les Éditions de l'Homme, 2007.

CORNEAU, Guy. *Victime des autres, bourreau de soi-même*, Les Éditions de l'Homme, 2003.

CORNEAU, Guy. *La guérison du cœur, nos souffrances ont-elles un sens*, Les Éditions de l'Homme, 2000.

CYRULNICK, Boris et Claude SERON (dir.). *La résilience, ou comment renaître de sa souffrance*, Les éditions Fabert, 2003.

CYRULNICK, Boris. *Les vilains petits canards*, Éditions Odile Jacob, 2001.

DE ROSNAY, Joël. *2020: les scénarios du futur, comprendre le monde qui vient*, Des idées & des hommes, 2007.

GOLEMAN, Daniel. *Emotional Intelligence*, Éditions Bantam, 1995.

MALAREWICZ, Jacques-Antoine. *Systémique et entreprise, coaching – relations interpersonnelles – changement*, Éditions Village Mondial, 2005.

MORIN, Estelle. «L'intelligence émotionnelle, une compétence professionnelle», séminaire, 2007.

RICARD, Matthieu. *Plaidoyer pour le bonheur*, Éditions Nil, 2003.

Table des matières

Achevé d'imprimer au Canada
sur papier Enviro 100% recyclé
sur les presses de Imprimerie Lebonfon Inc.

certifié   procédé   100% post-   archives   énergie
       sans   consommation   permanentes   biogaz
       chlore